이 땅 구석구석에서 교육의 고통이 사라지고
하나님이 기뻐하시는 교육이 이루어지도록
나의 자녀와 우리의 자녀들이
진정한 변화와 참 성공을 이룰 수 있도록

기꺼이 기도의 시간을 내어 주십시오.
정결한 기도의 제물이 되어 주십시오.
그런 마음을 담아,

_______________님께

이 기도제단을 선물로 드립니다.

당신의 기도를 통해
하나님의 마음이 뜨거워지고,
하나님의 가슴이 시원해지며,
하나님의 역사가 시작되고,
또한 성취될 것입니다!

기독학부모 기도운동으로의 초대

박상진 소장
(기독교학교교육연구소, 장신대 교수)

기독교학교교육연구소는 하나님께서 기뻐하시는 교육이 이 땅 가운데 펼쳐지기를 기도합니다. 특히 교회의 많은 부모들이 기독학부모로서의 정체성을 가지고 교육 회복의 주체로 서기를 소망합니다. 세속적이고 왜곡된 교육 현실을 바꾸기 위해 우리의 실천과 노력이 매우 중요하지만 그보다 선행되어야 할 것이 있습니다. 바로 먼저 하나님의 나라와 의를 구하며 간절히 기도하는 것입니다. 그래서 우리는 기독학부모들이 함께 기도하는 기도운동을 펼치고자 합니다.

기독학부모는 기도하는 학부모입니다. 세속적이고 그릇된 모습의 기도를 드리지 않습니다. 내 자녀만이 아니라 하나님의 자녀들을 위한 기도, 기독교적 인재를 양성하고자 하는 겸손한 무릎의 기도, 이 땅의 교육을 향해 애통함을 지닌 기도, 새로운 교육의 희망으로 나아가는 실천적 걸음의 기도입니다. 이러한 기도는 하나님이 기뻐하시는 두드림이며, 교육의 영역에서 하나님 나라를 확장하는 한 알의 밀알이 됩니다.

가정과 자녀, 교회와 학교를 살리는
기독학부모 기도운동 시리즈1

기독학부모 희망기도

1·2·3月

기독교학교교육연구소 편
기독학부모운동본부

예영커뮤니케이션

아래의 매일기도는 한날한날 정해진 기도와 함께 매일 기도해 주십시오! 기독학부모가 품에 안고 기도하는 매일의 기도를 하나님은 기뻐하십니다.

매일 기도	• 우리 **교회**와 **교회학교**의 교육을 위해서 • 우리 자녀가 다니는 **학교, 교사, 친구들**을 위해서 • **우리나라의 교육**과 **기독학부모운동**을 위해서 • **기독교학교교육연구소, 기독학부모운동본부**를 위해서

모든 기도를 마친 뒤 오른쪽 손을 왼쪽 가슴에 대고 기독학부모구호를 외칩니다. 그리고 교육의 희망으로 헌신하기로 다짐합니다.

기독 학부모 구호	**기독학부모! 교육의 새로운 희망입니다.** 나는 **기독학부모입니다!** 나는 **교육의 희망입니다!**

하나님이 기뻐하시는 교육을 향한 기독학부모들의 거룩한 기도 운동은
하나님의 희망, 하나님의 생기, 하나님의 열정
그리고 하나님의 애통입니다!

희망
(1-3월)

생기
(4-6월)

열정
(7-9월)

애통
(10-12월)

본 연구소는 가정과 자녀, 교회와 학교를 살리는 기독학부모 기도 운동 시리즈 첫 번째, 희망을 출간합니다. 이를 위해 신은정 기독학부모 팀장을 비롯해 노현욱, 도혜연 연구원이 큰 수고를 감당했습니다. 또한 가정과 교회, 학교에서 기독학부모를 세우고 있는 17명의 현장 전문가가 함께 집필을 했습니다. 이 희망 기도 책자를 통해 기독학부모들의 기도운동이 가정과 교회, 또 학교에서 만들어져서 기독학부모들의 기도가 나라 곳곳에 울려 퍼지기를 소망합니다.

"희망기도" 열 배 활용법

1. 개인 기도 시간에 가정과 자녀, 교회와 학교를 위해 기도할 때 유익하게 활용할 수 있습니다.

2. 개인 큐티와 함께 병행하여 사용하면 더욱 좋습니다.

3. 구역 모임 같은 교회의 소그룹 모임의 기도 시간에 교육과 관련된 기도를 위해 활용할 수 있습니다.

4. 기독학부모교실이나 기독학부모들의 기도 모임에서 분명한 기도의 제목으로 기도힐 수 있습니다.

5. 교육과 관련하여 무엇을 기도해야 할지 잘 모를 때 본 책자는 체계적인 기도의 길을 보여 줄 것입니다.

6. 본 기도 운동 시리즈는 「희망」, 「생기」, 「열정」, 「애통」 총 네 권으로, 일 년 365일을 날짜에 맞추어 기도할 수 있도록 만들어졌습니다. 따라서 가능한 매일 기도해 주십시오.

7. 정해진 날에 기도하지 못했다면 일단은 넘어가고 그날의 날짜에 맞추어 기도하는 것이 좋습니다. 특별한 날이나 기간에 맞추어 기도의 내용이 달라지기도 하기 때문입니다.

8. 빠진 기도는 한 달이나 한 주에 한 번, 적절한 시간을 마련하여 집중 기도 형태로 할 수도 있습니다.

9. 스스로를 위한 경건 훈련의 도구로 활용하시면 좋습니다. 제일 앞쪽의 '매일기도', '기독학부모구호'는 매일 한 뒤, 점검 네모에 표시해주세요.

10. 어떤 기도는 특별한 연령층의 자녀를 위한 것일 수도 있습니다. 나의 자녀가 그 연령에 해당하지 않을 때는 그 연령에 해당하는 이 땅의 자녀들을 위해 기도하는 사랑의 중보를 해 주시기 바랍니다.

기도의 선정과 구성

본 희망 기도에는 기독학부모가 마땅히 기도해야 할 매일 기도와 가정 예전을 위한 기도가 포함되어 있습니다. 총 4권으로 개발될 본 기도 시리즈의 기도들은 기독학부모운동본부에서 기독학부모의 교육을 위해 사용 중인『기독학부모교실』(예영커뮤니케이션, 2012)의 내용 구조를 토대로 하고, 기독학부모들의 필요를 조사하여 8개의 대요목을 정한 뒤, 그것을 70여 개의 중요목으로 구분하고, 다시 365개의 핵심 기도 제목으로 나누어 만들었습니다. 그리고 추가로 특별 기도들을 별도로 덧붙였습니다.

1. **기독학부모의 정체성** 기독학부모로서의 바른 정체성을 가지는 것과 애통의 마음으로 품어야 할 이 땅의 교육 고통의 문제들과 관련된 기도 제목으로 구성하였습니다.

2. **기독학부모의 교육 보기** 교회, 가정, 학교, 사회에서 세속적인 인간관, 지식관이 변하여 성경에 토대를 둔 기독교세계관이 되는 것과 관련된 기도 제목으로 구성하였습니다.

3. **기독학부모의 자녀 이해** 성경적으로 자녀의 발달과 문화를 이해하며 대화하는 기독학부모가 되는 것과 관련된 기도 제목으로 구성하였습니다.

4. **여호와 경외 교육** 먼저 부모가 여호와 경외의 신앙을 갖고 그 신앙을 자녀에게 전수하는 믿음의 가정이 되는 것과 관련된 기도 제목으로 구성하였습니다.

5. **기독학부모의 성품 교육** 부모와 자녀가 가져야 할 성령의 열매들과 성품들과 관련된 기도 제목으로 구성하였습니다.

6. **기독학부모의 학업과 은사 이해** 기독학부모가 하나님의 뜻 안에서 학업과 은사, 소명과 진로 등에 대한 바른 이해를 가지고 자녀들을 바른 길로 이끌고 또 교육하는 것과 관련된 기도 제목으로 구성하였습니다.

7. **기독학부모의 학교 보기** 하나님 안에서 기독학부모가 학교/교사와 맺어야 할 바른 관계와 감당해야 할 빛과 소금의 사명과 관련된 기도 제목으로 구성하였습니다.

8. **기독학부모의 하나님 나라 교육운동** 하나님께서 기뻐하시는 교육이 이루어지는 것과 그것을 위해 기독학부모들이 펼쳐 가야 하는 운동과 관련된 기도 제목으로 구성하였습니다.

9. **기도 예전** 가정을 거룩한 예배 처소로 만들기 위한 기도들을 특별히 구분하여 모았습니다. 기독학부모의 가정이 매일 자녀의 축복이 이루어지는 곳이 되고, 또한 기도와 생일, 졸업, 입학 등 특별한 날들에는 하나님께 그것을 아뢰고 맡겨 드리는 하나님의 이끄심이 살아 있는 곳이 되기를 소망하였습니다.

기도예전

기도 예전은 매일 기도와는 별도로 특별한 날이나
순간들을 위한 기도입니다.
각 기도는 정해진 방법에 따라 매일 묵상 기도와 함께 합니다.
기도 예전을 위한 기도들은 다음과 같습니다.

- 이른 비/늦은 비 축복 기도
- 생일을 위한 기도
- 졸업을 위한 기도
- 입학을 위한 기도

이른 비/늦은 비 축복 기도1

〈개역개정번역〉

"여호와는 네게 복을 주시고

너를 지키시기를 원하며

여호와는 그의 얼굴을 네게 비추사

은혜 베푸시기를 원하며

여호와는 그 얼굴을 네게로 향하여 드사

평강 주시기를 원하노라"

(민수기 6장 24-26절)

〈새번역〉

주님께서 당신들에게 복을 주시고,

딩신들을 지켜 주시며,

주님께서 당신들을 밝은 얼굴로 대하시고,

당신들에게 은혜를 베푸시며,

주님께서 당신들을 고이 보시어서,

당신들에게 평화를 주시기를 빕니다.

아침에 출근할 때나 자녀를 학교에 보낼 때는 아버지가, 저녁에 자기 전에는 어머니가 축복기도를 합니다.

※말씀에 있는 '네, 너, 당신들' 대신 자녀의 이름을 넣어도 됩니다.

※두 개의 번역본 가운데 하나를 골라 사용하시면 됩니다.

이른 비/늦은 비 축복 기도2

주님이 그대 앞에 계셔서
　　　　그대에게 바른 길 보이시기 바랍니다.
주님이 그대 곁에 계셔서
　　　　그대를 팔로 껴안아 지키시기 바랍니다.
주님이 그대 뒤에 계셔서 못된 사람들의 나쁜 계획에서
　　　　그대를 보전하시기 바랍니다.
주님이 그대 아래에 계셔서
　　　　그대가 떨어지면 받아 주시고,
　　　　그대를 덫에서 끄집어내시기 바랍니다.
주님이 그대 안에 계셔서
　　　　그대가 슬퍼할 때에 그대를 위로하시기 바랍니다.
주님이 그대 둘레에 계셔서
　　　　남들이 그대를 덮칠 때 막아 주시기 바랍니다.
주님이 그대 위에 계셔서
　　　　그대에게 복 주시기 바랍니다.
이처럼 그대에게 은혜로우신 하나님이 복 주시기 바랍니다.

출근할 때 또는 자녀를 학교에 보낼 때는 아버지가, 저녁에 자기 전에
는 어머니가 축복 기도를 합니다.

※ 기도문에 있는 '그대' 대신에 자녀의 이름을 넣어도 됩니다.
※ 위 기도는 독일 개신교 찬송가 뒤에 들어 있는 '길 나서는 이를 위해 복을 비는
　 기도'를 우리 말로 번역한 것입니다.

어린 자녀를 위한 이른 비/늦은 비 축복 기도

(머리를 감겨 주거나, 손을 얹어 안수하며)
하나님, 이 아이의 머릿속은
주님을 경외하는 것으로 가득 차게 하옵소서.

(얼굴을 씻어주거나, 손을 얹어 안수하며)
이 아이의 얼굴은 하늘을 바라보며 자라게 하소서.

(입 안을 씻어 주거나, 손을 얹어 안수하며)
이 아이의 입에서 나오는 모든 말은
경건한 말, 긍정의 말이 되게 하소서.

(손을 닦아 주거나, 손을 얹어 안수하며)
이 아이의 손은 사람을 칭찬하고 나누어 주는 손이 되게 하소서.

(가슴을 닦아주거나, 손을 얹어 안수하며)
이 아이의 가슴에 나라와 민족이 들어서게 하소서.

(배를 씻어 주거나, 손을 얹어 안수하며)

이 아이의 몸속 기관의 모든 기관, 오장육부는 튼튼하게, 강건하게 하소서.

(성기를 씻어주거나, 손을 얹어 안수하며)

결혼하는 날까지 순결을 지켜

거룩한 백성을 자녀로 갖고 행복한 가정을 갖게 하소서.

(다리를 씻어 주거나, 손을 얹어 안수하며)

부지런한 다리가 되어 온 나라와 민족을 먹고 살리게 하소서.

(엉덩이를 씻어 주거나, 손을 얹어 안수하며)

교만한 자리에 앉지 않게 하소서.

(등과 허리를 씻어 주거나, 손을 얹어 안수하며)

부모를 의지하지 않고 하나님만을 의지하게 하소서.

아침에 깨울 때는 아버지가, 저녁에 목욕시킬 때나 자기 전에는 어머니가 축복해 줍니다.

※ 기도문에 있는 '이 아이' 대신에 자녀의 이름을 넣어도 됩니다.

생일을 위한 기도

참 좋으신 하나님,

오늘 하나님이 선물로 주신 자녀 ○○○(이)의 생일을 맞이하게 해 주시니 참 감사합니다. 하나님께서 놀라운 목적과 계획 가운데 ○○○(이)를 이 땅에 보내시고, 지금까지 은혜와 사랑으로 돌보아 주셨으니 감사드립니다.

부족한 부모에게 아빠, 엄마라는 귀한 이름을 주신 하나님, 처음 ○○○(이)를 마주했던 그 설렘과 감사를 잊지 않게 하시고 하나님의 형상인 우리 자녀를 하나님의 눈빛으로 바라보게 하옵소서.

하나님, ○○○(이)가 마음과 뜻과 힘을 다하여 하나님을 사랑하게 하옵소서. 삶의 순간순간마다 창조주 하나님을 기억하게 하시고, 키와 지혜가 자랄수록 하나님과 사람에게 사랑받게 하옵소서. 이 세상의 빛과 소금으로, 착한 행실로 주님께 영광 올려 드리는 삶을 살아가며, 거룩한 하나님의 증인으로 주님을 전하는 삶을 살아가게 하옵소서.

부모인 제가 하나님의 뜻대로 자녀를 기르게 하시고 부모로서 자녀들에게 행할 것이 무엇인지 알게 하셔서 자녀를 신앙 가운데 잘 양육하게 하옵소서. 연약하고 부족한 부모의 기도를 들어주실 신실하신 아버지 하나님을 의지하오며 예수님의 이름으로 기도합니다.

아멘.

※ 자녀가 생일을 맞았을 때는 이른 비나 늦은 비 시간에 아래의 기도를 합니다. 물론 두 기도를 함께 해도 좋습니다. 그럴 때는 위의 기도를 한 뒤 이른 비 또는 늦은 비 기도를 합니다.

입학을 위한 기도

하나님, 우리의 삶의 여정마다 동행하여 주시고 언제나 함께 하시는 귀한 주님을 신뢰하며 기도합니다.

○○○(이)가 학교에 입학을 합니다. 이제까지 보살펴 주신 주님, 더 넓은 세상으로 나아가기 위해 힘찬 발걸음을 내딛는 자녀와 늘 함께 하여 주시옵소서.

학교의 교육과정 가운데 하나님께서 개입하셔서 비기독교적인 가치관과 철학, 헛된 생각을 내려놓고 지혜와 지식의 모든 보화이신 주님 안에서 뿌리를 박으며 생기 있는 배움이 일어나게 하옵소서. 귀한 배움을 통해 기초를 튼튼히 하게 하시고 삶을 살아가는 데 중요한 지식과 지혜를 터득하게 하옵소서.

또한 새로운 학교에서 귀한 만남이 이루어지게 하옵소서. 먼저 평생 존경하고 따를 수 있는 좋은 선생님을 만나게 하시고, 신뢰 속에서 마음을 터놓고 우정을 나누는 친구들을 만나게 하옵소서. ○○○(이)도 좋은 제자, 좋은 친구가 되어 기쁘고 활기찬 생활을 할 수 있도록 도와주시고 학교생활을 하면서 기독학생으로 살아가는 데에 부족함이 없게 하옵소서. 뜻을 정한 다니엘처럼 살아가도록 지켜 주시옵소서. 부모인 저도 학교를 위해 더 많이 기도하고 관심 갖게 하시어 건전하게 학교에 참여하도록 도와주시옵소서. 예수님의 이름으로 기도합니다. 아멘.

※ 자녀가 입학을 할 때는 이른 비나 늦은 비 시간에 아래의 기도를 합니다. 물론 두 기도를 함께 해도 좋습니다. 그럴 때는 먼저 아래의 기도를 한 뒤 이른 비 또는 늦은 비 기도를 합니다.

졸업을 위한 기도

알파와 오메가 되시는 하나님, 시작과 마침을 선물하시는 주님의 섭리에 감사를 드립니다.

하나님, 입학의 설렘을 주신 것이 엊그제 같은데 벌써 ○○○(이)가 졸업을 하게 되었습니다. 학교 다니는 동안 베풀어 주신 신실하신 은혜에 감사를 드립니다. 좋은 선생님, 귀한 친구들을 만나게 하시고, 참된 배움의 길로 인도하여 주셔서 감사합니다.

이제 떠나는 학교를 지켜 주시고, 언젠가 선생님들과 친구들이 다시 만날 때 좋은 소식으로, 좋은 모습으로 만날 수 있도록 돌보시기를 원합니다.

졸업을 하여 이제는 정든 곳을 떠나고, 낯선 곳으로 발걸음을 옮기는 ○○○(이)를 강하게 붙들어 주셔서 믿음과 용기로 새로운 세계를 향해 나아가게 하옵소서. 지나온 과정은 든든한 인생의 토대가 되게 하시고, 앞으로 살아갈 과정은 인생을 위한 또 하나의 토대가 되게 하옵소서.

우리 모든 자녀들이 어디에 있든지, 무엇을 하든지, 주님 앞에 귀한 열매를 드리도록 하옵소서. 예수님의 이름으로 기도합니다. 아멘.

※ 자녀가 졸업을 할 때는 이른 비나 늦은 비 시간에 아래의 기도를 합니다. 물론 두 기도를 함께 해도 좋습니다. 그럴 때는 먼저 아래의 기도를 한 뒤 이른 비 또는 늦은 비 기도를 합니다.

1월의 기도

기독학부모 기도운동시리즈
첫번째 주제는 '희망'입니다.
1월의 묵상주제는
'교육의 희망' 입니다

1월 첫날의 기도

새 생명이 되시는 하나님,
이제까지 지키시고, 놀라운 은총으로 돌보아 주셔서
새해와 첫 달을 맞이하게 하시니 감사드립니다.

생명 되신 하나님 앞에서
올 한 해 저희 가정이 더욱 하나님을 높이며
하나님 한 분을 경외하는 가정이 되게 하옵소서.

우리 교회는 세상에 빛과 소금의 역할을 감당하며
세상이 변화시키는 복음의 터전이 되게 하옵소서.
이 땅의 학교와 교육의 영역에서는
하나님이 기뻐하시는 교육이 더욱 많아지게 하시고
모든 하나님의 아들, 딸들이 평안을 누리게 하옵소서.

새해에는 교회와 기독학부모의 가정마다
하나님 나라를 위해 마음이 가난하고 애통하며,
온유하고 의에 주리고 목마르며,
긍휼히 여기며, 마음이 깨끗하며, 화평을 전하며,
의를 사랑하는 복이 가득하게 하옵소서.

처음부터 마지막까지
오직 주님의 은혜로 경주하게 하옵소서.
예수님의 이름으로 기도합니다. 아멘.

교육의 아픔이 치유되기를 위한 기도

2

1월 2일

여호와여 주는 나의 방패시요 나의 영광이시요 나의 머리를 드시는 자이시니이다. 내가 나의 목소리로 여호와께 부르짖으니 그의 성산에서 응답하시는도다. (시 3:3-4)

사랑의 하나님, 죄인 되었던 저희를 하나님의 은혜로 새 생명을 주시고, 기독학부모로 불러 주심에 감사합니다.

주님, 하나님 사랑을 경험한 기독학부모로서 이 땅의 교육 고통의 현실에 대해 중보하기를 원합니다. 이 땅의 교육에는 학교 폭력, 입시 지향, 사교육비 팽창, 조기 유학, 학업 스트레스 등 많은 교육의 고통들이 있습니다. 이 땅의 기독학부모들이 교육 고통의 신음소리를 듣고 애통하며 주의 길로 돌아설 수 있는 성령의 지혜와 분별력, 믿음을 주옵소서.

교육고통을 위해 기도하기에 앞서 우리 자신이 바른 길을 걷지 못하여 부모와 자녀들을 교육고통에 아파하게 만들고 있음을 회개합니다. 주님, 우리가 이 땅의 잘못 들어선 교육의 현실을 인식하여 기독학부모로서 중보하여 실천해 나갈 수 있도록 하옵소서. 그리하여 이 땅이 교육의 고통에서 벗어나 부모, 자녀들이 주의 주신 평안한 마음을 회복하게 하옵소서. 예수님의 이름으로 기도합니다. 아멘.

오늘의 기도

매일기도 ☐　학부모구호 ☐

교육을 보는 바른 시각을 위한 기도

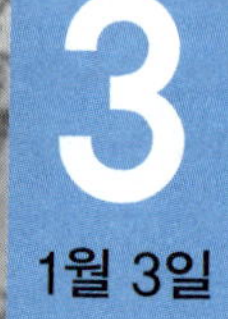

3
1월 3일

내가 누워 자고 깨었으니 여호와께서 나를 붙드심이로다. 천만인이 나를 에워싸 진 친다 하여도 나는 두려워하지 아니하리이다. (시 3:5-6)

진리의 하나님, 세상 모든 것이 하나님의 선한 계획하심으로 창조된 것을 믿습니다. 모든 진리를 하나님의 진리임에도 불구하고 우리의 자녀들이 국어, 수학 외국어, 과학 등을 왜 배우는지, 그것으로 무엇을 할 수 있는지, 진리의 성령님께서 알려 주시는 대로 배우고, 이끌어 주시는 대로 사용하는 법을 배우지 못하고 있습니다. 뿐만 아니라 기독 학부모인 우리조차도 교육에 대하여 하나님의 뜻을 바로 알지 못하고 있습니다.

모든 진리의 원천은 하나님이신 것을 교사, 학부모들 그리고 자녀들이 알게 하옵소서. 하나님이 만드신 선한 교육을 악하게 비꾸이 놓는 이 땅의 온갖 시도와 노력들을 막아 주옵소서. 교육을 하나님의 뜻에 기초한 기독교 세계관으로 이해하고, 교육을 통해 하나님의 나라를 이루려고 애쓰는 모든 자들에게 지혜와 힘을 주셔서 영적 싸움에서 승리하게 하옵소서. 예수님의 이름으로 기도합니다. 아멘.

오늘의 기도

매일기도 ☐ 학부모구호 ☐

자녀의 감정을 이해하는 부모가 되기 위한 기도

4

1월 4일

내 의의 하나님이여 내가 부를 때에 응답하소서. 곤란 중에 나를 너그럽게 하셨사오니 내게 은혜를 베푸사 나의 기도를 들으소서. (시 4:1)

우리의 부모 되신 하나님을 기뻐합니다. 하나님은 참 부모가 되셔서 늘 기다려 주시고, 안아주시고, 있는 그대로 받아 주시는데 우리는 사랑하는 자녀를 기다리지 못하였고, 윽박지르고, 부모의 권위로 복종시킨 때가 많았음을 고백합니다. 돌이켜 보면 우리의 무지와 그릇된 양육 때문에 하나님의 형상대로 지어진 자녀의 모습이 왜곡되고, 그 속에 분노가 쌓이게 되었으며, 정서가 상처받았을 순간순간들이 큰 아픔으로 다가옵니다. 주님, 우리를 불쌍히 여기셔서 잘못을 용서하여 주시고, 자녀를 참 부모이신 하나님의 품에 품어 주옵소서.

이제 하나님의 형상대로 만들어진 자녀를 하나님께 돌려드립니다. 청지기가 되어 자녀의 모습 그대로를 사랑하게 하시고, 생명의 말씀과 부모의 모범으로 양육하게 하옵소서. 자녀의 감정을 무시하여 자녀를 노엽게 하는 부모가 아니라 예수님처럼 모든 것을 참고, 모든 것을 믿으며, 모든 것을 바라며, 모든 것을 견디게 하옵소서. 예수님의 이름으로 기도합니다. 아멘.

오늘의 기도

매일기도 ☐ 학부모구호 ☐

학교 폭력과 자녀의 태도에 대한 기도

5

1월 5일

여호와여 나의 말에 귀를 기울이사 나의 심정을 헤아려 주소서. 나의 왕, 나의 하나님이여 내가 부르짖는 소리를 들으소서. 내가 주께 기도하나이다. (시 5:1-2)

화평과 자비의 하나님, 원망과 미움, 시기가 가득한 세상에서 오늘도 우리 부부와 자녀를 지켜 주심에 감사를 드립니다.

자녀들이 학교에서 지내는 시간을 온전히 하나님께 맡겨 드립니다. 온갖 위험에서 보호하여 주옵소서. 특별히 학교 폭력으로 인한 아픔의 소리가 많은 이 때, 우리 자녀들이 다니는 학교에 폭력이 일어나지 않기를 원합니다. 우리 자녀도 친구를 폭행하는 일이 없게 하시고, 피해자도 방관자도 되지 않게 하옵소서.

그러나 어쩔 수 없이 학교 폭력에 휘말리게 될 때, 친구에게 신체적, 언어적 폭력으로 대항하지 않게 하시고, 하나님을 사랑하듯 친구를 사랑하게 하여 주옵소서. 또한 누군가가 폭력을 당하는 상황을 본다면 의로운 마음으로 담대하고 지혜롭게 폭력에 대해 이야기하고 중재하는 화평의 사랑이 되게 하여 주옵소서. 이 시대의 선한 사마리아 사람으로 사는 것을 부끄럽게 여기지 말게 하시고, 믿음대로 행하는 용기를 더하여 주옵소서. 우리 자녀를 통하여 학교에 화평의 은혜가 가득하기를 소망하며, 예수님의 이름으로 기도합니다.

오늘의 기도

매일기도 ☐   학부모구호 ☐

입시 중심 문화의 변화를 위한 기도

6

1월 6일

여호와여 돌아와 나의 영혼을 건지시며 주의 사랑으로 나를 구원하소서. 여호와께서 내 간구를 들으셨음이여 여호와께서 내 기도를 받으시리로다. (시 6:4, 9)

우리 모두를 아름답게 창조하신 하나님, 이 땅을 바라볼 때 곳곳에서 탄식 소리와 신음하는 소리를 듣습니다. 특히 교육의 현장에 가득한 고통과 신음소리를 듣습니다.

특히, 우리의 자녀들이 온전하지 못한 교육 현장으로 내몰리고 있습니다. 입시는 학교 교육의 중심이 되어 버렸으며, 입시 때문에 부모들도 자녀도 함께 고통을 당하고 있습니다. 교육 전체가 입시의 노예가 된 것만 같습니다. 이런 입시 중심 문화를 이용해서 학원들은 부모와 자녀들을 위협하여 불안하게 만들고, 사교육비를 지출하게 합니다. 서로의 경쟁을 통해 함께 웃으며 공존해야 하는 친구는 어느새 우리 자녀의 경쟁자가 되어 버렸습니다.

주님, 이 땅의 입시 중심 문화를 고쳐 주시고, 하나님이 기뻐하시는 교육의 문화가 힘을 얻게 하옵소서. 부모와 자녀들이 교육의 바른 길을 찾게 하시고, 부모들은 자녀를 잘 이끌게 하옵소서. 예수님의 이름으로 기도합니다. 아멘.

오늘의 기도

매일기도 ☐　학부모구호 ☐

말씀에 순종하는 부모를 위한 기도

7

1월 7일

여호와여 주의 이름을 아는 자는 주를 의지하오리니 이는 주를 찾는 자들을 버리지 아니하심이니이다. (시 9:10)

말씀으로 역사하시고, 말씀으로 우리를 인도하시는 하나님, 하나님께서는 끊임없이 말씀으로 우리를 인도하셨지만 가장 가치 있고 소중한 하나님의 말씀을 외면한 때도 많았음을 고백합니다. 또한 자녀들에게 부모의 가치관과 기준을 강요하면서도 정작 아버지 되신 하나님의 말씀을 새기지 않았고, 순종하지도 않았던 때도 있었습니다.

하나님 먼저 부모인 우리가 변화되게 하옵소서. 하나님의 말씀을 마음에 새기고, 하나님의 말씀을 삶의 나침반과 이정표로 삼아 하나님 말씀에 순종하는 구체적인 노력과 실천이 있게 하옵소서. 이렇게 말씀으로 세워지고, 말씀의 능력을 아는 부모가 되게 하옵소서. 지녀에게 말로 가르치기에 앞서 삶으로 부끄럼 없이 가르치는 부모가 되게 하옵소서.

말씀이 이끌고, 말씀 안에 건강하게 세워지는 우리의 가족이 되고 또 이런 가정이 이 땅에 많아지기를 원합니다. 예수님의 이름으로 기도합니다. 아멘.

오늘의 기도

매일기도 ☐ 학부모구호 ☐

하나님나라 이야기를 가지는 자녀를 위한 기도

8
1월 8일

여호와는 압제를 당하는 자의 요새이시요 환난 때의 요새이시로다. 여호와여 주의 이름을 아는 자는 주를 의지하오리니 이는 주를 찾는 자들을 버리지 아니하심이니이다. (시 9:9-10)

우리 삶의 이야기의 주인이신 하나님, 자녀 안에 하나님의 이야기가 흘러가기를 원합니다. 세상의 조건과 기준을 향해 의미 없는 달리기를 멈출 수 있는 용기를 주시고, 먼저 하나님의 이야기에 귀를 기울이게 해 주옵소서. 야곱의 하나님, 요셉의 하나님, 모세의 인생과 다윗의 인생에 함께 하셨던 하나님의 이야기가 자녀의 안에도 있게 하옵소서. 예수 그리스도의 구원의 이야기가 우리 자녀의 삶에서 가장 소중한 이야기가 되게 하옵소서.

자녀가 먼저 용모가 아름답고, 모든 지식과 지혜에 통달하기 원하는 기도를 하기보다 그 안에 하나님의 이야기가 없다면 기꺼이 포기할 수 있는 기도를 드릴 수 있는 믿음을 주옵소서. 스펙의 열풍 속에서도 여전히 하나님의 이야기를 만들어 가는 아이가 되게 하옵소서. 예수님의 이름으로 기도합니다. 아멘.

오늘의 기도

매일기도 ☐　학부모구호 ☐

미디어에 대한 분별력을 위한 기도

9

1월 9일

여호와께서는 그의 성전에 계시고 여호와의 보좌는 하늘에 있음이여 그의 눈이 인생을 통촉하시고 그의 안목이 그들을 감찰하시도다. (시 11:4)

선한 것을 분별하기 원하시는 하나님, 수많은 정보와 지식이 난무하는 이 때에 우리의 자녀들이 선한 것을 분별할 수 있는 힘을 주옵소서. 특별히 우리의 자녀들이 급속도로 에너지를 쏟아 붓는 미디어의 영역에서 분별력을 갖길 원합니다. TV나 인터넷 게임, 스마트 폰 앞에서 가족 간의 대화가 단절되었음은 물론 서로 관심조차 기울이지 않는 우리의 모습을 긍휼히 여겨 주옵소서. 이 땅의 가정의 눈물의 소리에 응답하여 주옵소서.

부모의 말이 들리지 않고, 하나님의 말씀에 경청하지 않는 이 세대 속에 기독학부모 가정을 지켜주셔서, 모든 부모들이 어떤 것이 가정을 세우고, 자녀들과 소통하고, 세상을 이기는 것인지를 알게 하옵소서.

모든 부모와 자녀들이 세상 문화에 동화되어 갈 길을 잃지 않게 하시고, 세상을 떠나 배타적인 삶을 살지 않게 하시고, 세상 문화 속으로 들어가서 받은 은혜로 변혁을 이루는 삶이 되도록 힘을 더하여 주옵소서. 우리 사회의 그릇된 미디어 문화를 고쳐 주옵소서. 예수님의 이름으로 기도합니다. 아멘.

오늘의 기도

매일기도 ☐ 학부모구호 ☐

가정 예배를 위한 기도

10

1월 10일

나는 오직 주의 사랑을 의지하였사오니 나의 마음은 주의 구원을 기뻐하리이다. 내가 여호와를 찬송하리니 이는 주께서 내게 은덕을 베푸심이로다. (시 13:5-6)

늘 우리의 찬양이 되시는 하나님, 오늘도 주님의 이름을 찬양합니다. 저희 가정에 여호와 하나님의 이름이 떠나지 않게 하시고 자손 대대로 예배의 기쁨을 알게 하여 주시옵소서.

늘 우리의 찬양이 되시는 하나님, 오늘도 가정에 여호와 하나님의 이름이 떠나지 않게 하시고 자손 대대로 예배의 기쁨을 알게 하여 주옵소서.

주님, 가정이 함께 예배드리기 원합니다. 가정 예배를 통해 하나님을 함께 높이고, 기도의 제목을 나누고, 감사를 고백하게 하옵소서. 가정예배가 부모의 기도제목을 나누고, 자녀들의 고민을 이야기하는 소통의 자리가 되게 하시고, 성경을 토대로 세상을 보게 되는 믿음의 자리가 되게 하여 주옵소서.

부모세대와 자녀세대의 다리인 가정예배를 통하여 믿음의 강물이, 헌신의 강물이 흘러가게 하시고 시냇가의 나무처럼 가정예배의 생수를 통해 주님을 만나게 하옵소서. 사랑하는 자녀가 자라서 가정을 꾸릴 때에 이 기쁨을 알고 그들의 자녀와 함께 가정예배를 이어가게 하옵소서. 예수님의 이름으로 기도합니다. 아멘.

오늘의 기도

매일기도 ☐　학부모구호 ☐

성품 회복을 지향하는 교육을 위한 기도

11

1월 11일

이는 주께서 내 영혼을 스올에 버리지 아니하시며 주의 거룩한 자를 멸망시키지 않으실 것임이니이다. 주께서 생명의 길을 내게 보이시리니 주의 앞에는 충만한 기쁨이 있고 주의 오른쪽에는 영원한 즐거움이 있나이다. (시 16:10-11)

우리가 하나님의 성품에 참여할 수 있게 하신 하나님 감사합니다. 그러나 오늘의 교육은 인성 교육에 관심을 두지 않으며, 교회와 기독학부모의 가정에서도 그리스도의 인격과 성품을 훈련하는 것 보다 입시와 학업, 성적이 더 큰 관심사요, 중심이 되고 있습니다. 이런 현실에 하나님의 성품은 더욱 먼 이야기가 되어가고 있습니다.

하나님, 우리의 교육을 고쳐 주옵소서. 하나님이 기뻐하시는 사람을 길러내는 제대로 된 성품교육이 이루어지게 하옵소서. 사람됨이 입시와 성적의 문화를 이기게 하시고, 바른 성품에 기초한 가정, 학교의 스승과 제자, 친구관계가 만들어지게 하옵소서.

교회와 기독학부모의 가정마다 바른 성품과 인격을 무시하는 세상의 문화를 거부하여 하나님의 성품을 닮은 자녀들을 최우선으로 길러내는 교육을 하게 하옵소서. 예수님의 이름으로 기도합니다. 아멘.

오늘의 기도

매일기도 ☐ 학부모구호 ☐

자녀의 소명과 진로에 대한 기도

12

1월 12일

하나님이여 나를 지켜 주소서 내가 주께 피하나이다. 내가 여호와께 아뢰되 주는 나의 주님이시오니 주 밖에는 나의 복이 없다 하였나이다. (시 16:1-2)

우리의 삶을 세밀하게 인도하시는 하나님, 하나님께서 우리 아이를 향하신 특별한 계획과 뜻이 있음을 믿습니다. 그러나 숨 가눌 겨를 없이 앞서 달리기를 재촉하는 세상 속에서 눈앞의 화려한 그림 조각에만 시선을 빼앗긴 채 아이를 향하신 하나님의 뜻과 비전을 너무나도 쉽게 외면하였던 죄를 용서하여 주옵소서.

무엇보다도 부모인 저를 회복시키셔서 하나님을 경외하는 온전한 믿음을 갖게 하시고, 하나님께서 우리 아이의 전 삶을 통해 품고 계신 비전에 따라 진로를 찾는 여정을 잘 돕고 지도할 수 있도록 지혜와 능력을 주옵소서. 세상을 따라가며 좋은 학교, 좋은 직업을 위한 진로 지도가 아니라 하나님의 부르심과 비전에 따른 진로 지도를 하게 하옵소서.

또한 자녀에게 성령의 기름을 부으셔서 하나님께서 주신 비전을 따라 진로와 직업 선택을 잘 할 수 있도록 언제나 옆에서 도와주시기를 원합니다. 선택의 모든 과정 속에 하나님께서 친히 관여하셔서 인간의 연약함으로 불필요한 고난을 자초하지 않게 하시고 삶이 철저히 하나님의 인도하심 안에 있게 하옵소서. 예수님의 이름으로 기도합니다. 아멘.

오늘의 기도

매일기도 □　학부모구호 □

기독학부모와 학교와의 바른 관계를 위한 기도

13

1월 13일

내가 여호와를 항상 내 앞에 모심이여 그가 나의 오른쪽에 계시므로 내가 흔들리지 아니하리로다. 이러므로 나의 마음이 기쁘고 나의 영도 즐거워하며 내 육체도 안전히 살리니. (시 16:8-9)

사랑의 아버지 하나님, 자녀의 교육을 책임지고 있는 또 하나의 장인 학교가 단순히 지식들과 경쟁을 배우는 곳이 아니라 다른 사람에 대한 존중과 배려, 더불어 살아가는 것을 배워나가는 곳이 되길 기도합니다.

자녀의 인생의 멘토가 되어줄 교사들을 위해 기도합니다. 쉽게 변화되지 않는 학생들에 대해 분노와 처벌이 아닌 연민과 공감의 마음을 갖게 하옵소서. 학급 가운데 돌봄과 섬김의 가치들이 실현됨으로 아이들의 마음에 희망의 등불이 피어나게 하소서.

또한 학부모인 제가 학교의 교육 이념과 교육과정에 관심을 갖게 하시고, 보다 적극적이고 건강한 방법으로 학교 교육에 참여할 수 있도록 믿음과 용기를 주옵소서. 나의 자녀만을 생각하는 이기적인 틀에서 벗어나 우리의 자녀들이 함께 잘되고 훌륭하게 성장해 갈 수 있도록 돕는 기독학부모가 되게 하옵소서. 선생님들의 권위를 존중하며 그들의 수고에 감사할 줄 아는 부모가 되게 하시고, 자녀를 위해 함께 협력해 가는 신뢰가 있는 관계가 되게 하옵소서. 이로 인해 학교교육의 현장에서 하나님의 뜻이 이루어지길 예수님의 이름으로 기도합니다. 아멘.

오늘의 기도

매일기도 ☐ 학부모구호 ☐

교육에서 하나님의 나라가 이루어지길 소망하는 기도

14
1월 14일

여호와여 의의 호소를 들으소서. 나의 울부짖음에 주의하소서. 거짓 되지 아니한 입술에서 나오는 나의 기도에 귀를 기울이소서. (시 17:1)

살아계신 하나님 아버지, 우리를 교육의 희망, 기독학부모로 세워주시니 감사합니다. 주님, 더 많은 믿음의 사람들이 기독학부모로 세워지기를 기도합니다. 교육을 하나님의 교육으로 회복시키기 위해 우리 속에 이기심을 버리고 연합하는 학교, 교사, 학부모가 될 수 있도록 도와주옵소서.

그래서 기독학부모 운동이 성령의 바람을 타고 이 나라 교육 공간 구석구석에 기쁨과 희망의 새 바람이 되어 태풍처럼 일어날 수 있도록 도와주옵소서. 각 지역과 교회와 학교에서 퍼져가는 기독학부모운동을 통해 부모의 그릇된 교육 모습을 확인하고, 그 길에서 돌아설 수 있는 용기와 의지를 갖게 하시고 애통의 교육 가운데 눈물로 하나님의 나라를 이루어가게 하옵소서. 함께 기도하고, 모이기에 힘쓰며 교회와 가정과 학교를 변화시키게 하옵소서. 이 일을 두고 기도하며 한 걸음, 한 걸음 겸손히 섬기는 기독교학교교육연구소에 하나님의 크신 은혜와 위로, 지혜를 더하여 주옵소서. 예수님의 이름으로 기도합니다. 아멘.

오늘의 기도

매일기도 ☐   학부모구호 ☐

부모의 사명 감당을 위한 기도

15

1월 15일

하나님이여 내게 응답하시겠으므로 내가 불렀사오니 내게 귀를 기울여 내 말을 들으소서. 주께 피하는 자들을 그 일어나 치는 자들에게서 오른손으로 구원하시는 주여 주의 기이한 사랑을 나타내소서. (시 17:6-7)

사랑의 하나님, 우리 가정에 자녀를 선물로 주셔서 감사합니다. 부모의 사명이 어떤 것인지 하나님이 주신 지혜와 사랑으로 깨닫기를 원합니다. 부모인 우리가 먼저 주의 사랑의 은혜에 충만하기를 원합니다.

주님, 하루하루 삶이 분주하여 자녀를 바라보는 눈이 세상의 관점으로 향하였습니다. 자녀양육의 1차적인 책임을 부모에게 주셨음에도 하나님의 사랑과 말씀보다 세상의 지식을 더 우선하였습니다. 주님, 용서하여 주옵소서. 이제 자녀도 하나님의 사랑을 알도록 부모 된 저의 신앙과 자녀 양육관을 바르게 세워주옵소서. 자녀양육을 맡은 청지기로서 부모의 사명을 잘 감당하게 하소서. 주의 교훈과 훈계로 자녀를 양육하되, 끝까지 사랑하신 예수님처럼 자녀를 포기하지 않고 인내로 사랑하게 하옵소서. 또한 삶으로 가르치는 부모의 삶과 사랑 속에서 자녀가 하나님의 사랑을 더 깊이 알아가고 경험하게 되기를 예수님의 이름으로 기도합니다. 아멘.

오늘의 기도

매일기도 ☐　학부모구호 ☐

하나님께 자녀교육의 주권을 드리는 기도

16

1월 16일

나의 힘이신 여호와여 내가 주를 사랑하나이다. 여호와는 나의 반석이시요 나의 요새시요 나를 건지시는 이시요 나의 하나님이시요 내가 그 안에 피할 나의 바위시요 나의 방패시요 나의 구원의 뿔이시요 나의 산성이시로다. (시 18:1-2)

하나님 아버지, 부족한 저를 하나님의 자녀로 불러주신 은혜에 감사드립니다. 이 시간 저를 부모로 불러주셨음을 깨닫고, 믿는 은혜를 허락해 주옵소서. 세상의 소리로 가득한 교육과 가치관에 얽매이지 않게 하옵소서.

저의 눈과 귀가 하나님께 집중되어 하나님께서 말씀하시는 소리에 언제나 순종할 수 있는 부모가 되게 하옵소서. 세상의 가치관에 흔들릴 때마다 성령님이 일깨워주시고 하나님의 말씀을 제 삶과 자녀의 다림줄로 삼아 세상의 기준이 아닌 하나님의 기준을 가지고 자녀를 바라볼 수 있도록 하옵소서. 하나님께서 선물로 주신 이 아이의 삶의 주인이 하나님이심을 고백합니다. 자녀교육의 주권을 온전히 하나님께 올려드리며, 이제는 부모의 기준과 욕심과 방법이 아닌 오직 하나님의 주권대로 양육할 것을 믿음으로 고백합니다. 하나님 주시는 지혜로 믿음과 행함이 일치하는 삶을 살도록 인도하여 주옵소서. 저와 자녀의 일평생을 주님께 맡겨 드리며 예수님의 이름으로 기도합니다. 아멘.

오늘의 기도

매일기도 ☐　학부모구호 ☐

태아기 자녀를 둔 부모를 위한 기도

17

1월 17일

내가 찬송 받으실 여호와께 아뢰리니 내 원수들에게서 구원을 얻으리로다. 내가 환난 중에서 여호와께 아뢰며 나의 하나님께 부르짖었더니 그가 그의 성전에서 내 소리를 들으심이여 그의 앞에서 나의 부르짖음이 그의 귀에 들렸도다. (시 18:3, 6)

하나님 아버지, 부부가 서로 사랑하여 연합하게 하시고, 태의 열매를 허락하여 주셔서 감사합니다.

태속에 아이를 10달 동안 품고, 기다리면서 가졌던(가질) 마음과 기도를 평생 간직하기를 원합니다. 그와 함께 해산하는 수고를 통하여 제가 참 부모이신 하나님의 마음을 알기 원합니다. 하나님처럼 자녀를 사랑하되 끝까지 사랑하기를 원합니다.

하나님이 허락하신 이 아이가 어떤 존재이며 부모로서 첫 걸음을 내딛는 우리가 어떤 교육관과 신앙관을 가지고 양육하여야 하는지, 건강하고 바른 부모의 이미지를 세워가는 시간이 되게 하옵소서. 세상에서 듣고 보는 솔깃한 정보에 마음을 빼앗기지 않게 하여 주시고, 대신에 하나님께서 원하시는 부모는 어떠해야 하는지 성경을 통해 보고 듣고 경험하게 하옵소서.

저희 부부를 긍휼히 여겨 주시어 함께 기독학부모로서 참된 길을 가게 하시고, 자녀양육에 책임을 다하게 하시며, 자녀와 함께 가정의 비전을 이루어가게 하옵소서. 예수님의 이름으로 기도합니다. 아멘.

오늘의 기도

매일기도 ☐　학부모구호 ☐

기도하는 부모가 되기 위한 기도

18

1월 18일

여호와 외에 누가 하나님이며 우리 하나님 외에 누가 반석이냐. 이 하나님이 힘으로 내게 띠 띠우시며 내 길을 완전하게 하시며, 나의 발을 암사슴 발 같게 하시며 나를 나의 높은 곳에 세우시며, 내 손을 가르쳐 싸우게 하시니 내 팔이 놋 활을 당기도다. (시 18:31-34)

하나님 아버지, 아내 (남편)를 만나게 하시고 믿음의 가정을 세우게 하심을 감사합니다. 우리의 가정을 통해 이루실 일들을 사모하고 기다립니다. 하나님을 섬기기 위해 무엇보다 기도가 살아있는 가정이 되기를 원합니다.

먼저 저희 부부가 기도하는 사람이 되게 하옵소서. 기도를 통해 부부와 개인, 가정의 문제들을 해결하고 더 나아가 부부가 한마음이 되기를 원합니다. 삶의 분주함 속에서 기도의 시간을 확보하지 못하고 지낼 때가 많음을 고백합니다. 기도의 중요성을 말하는 것에 그치지 않고 기도의 시간과 장소를 확보하여, 말이 아닌 무릎으로 나아가는 부모가 되게 하옵소서.

하나님, 이렇게 기도하는 부모의 모습을 보며 자녀들 또한 기도하게 하옵소서. 그리하여 하나님의 뜻에 합당하여 하나님의 마음을 뜨겁게 하고, 하나님의 가슴을 시원하게 해 드리는 기도를 통해 신앙 안에 든든히 서고, 하나가 되며, 신앙의 대를 이어가는 가정이 되게 하옵소서. 예수님의 이름으로 기도합니다. 아멘.

오늘의 기도

매일기도 ☐ 학부모구호 ☐

성품 훈련을 위한 기도

19
1월 19일

또 주께서 주의 구원하는 방패를 내게 주시며 주의 오른손이 나를 붙들고 주의 온유함이 나를 크게 하셨나이다. 내 걸음을 넓게 하셨고 나를 실족하지 않게 하셨나이다. (시 18:35-36)

하나님, 이 땅의 교회와 가정, 학교가 하나님의 성품, 그리스도인의 인격을 훈련하는 장이 되게 하옵소서. 속사람의 성품과 겉 사람의 태도가 일치하는 진정한 하나님의 성품을 지닌 부모와 자녀가 많아지고, 이들이 변화를 주도해가는 교육문화가 만들어지기를 원합니다.

학교에서는 바른 인격과 성품을 길러 주기 위한 수업과 훈련 프로그램이 만들어지고 정착되게 하시고, 전인적 교육이 이루어질 수 있도록 교과 편성도 균형을 잡기를 원합니다. 인격과 성품을 방해하는 입시중심 문화와 학원의 방해가 힘을 잃게 하시고 사람됨의 가치가 중요하게 여겨지는 분위기와 문화가 만들어지게 하옵소서.

하나님, 자녀의 성품을 가장 방해하는 사람이 바로 부모인 것을 깨닫습니다. 생각과 말, 태도에서 부모의 저희가 먼저 변화되게 하옵소서. 이를 위해 삶 속에서 구체적인 훈련이 이루어지게 하옵소서. 예수님의 이름으로 기도합니다. 아멘.

오늘의 기도

매일기도 □   학부모구호 □

비교하지 않기를 구하는 기도

20
1월 20일

나의 반석이시요 나의 구속자이신 여호와여 내 입의 말과 마음의 묵상이 주님 앞에 열납되기를 원하나이다. (시 19:14)

인생의 주인 되신 하나님, 하나님의 식별을 따르지 않고 늘 제 소견에 옳은 대로 저만의 방식을 고집하며 살았던 교만을 용서하여 주옵소서. 또한 자녀가 충분히 존귀하게 여김을 받아야 함에도 불구하고 수많은 조건들로 그 아이의 가치를 평가하고, 수많은 비교들로 마음에 깊은 상처를 남긴 폭력의 죄를 용서하여 주옵소서.

하나님께서 이미 그 아이에게 부어 주신 은사를 찾아 하나님의 뜻대로 즐거이 인생을 살아가도록 돕는 조력자가 되라 하셨는데, 오히려 저의 방식대로 자녀의 삶을 조각하는 주권자의 삶을 살았음을 고백합니다.

이제는 자녀를 향한 하나님의 선하신 뜻이 있음을 믿으며 다른 자녀와 비교하기를 멈추게 하옵소서. 하나님께서 이미 그려놓으신 그림을 함께 바라보며 기쁨의 여정을 함께 달려가는 동반자가 되게 하옵소서. 예수님의 이름으로 기도합니다. 아멘.

오늘의 기도

매일기도 ☐ 학부모구호 ☐

영아기 자녀를 둔 부모를 위한 기도

21
1월 21일

환난 날에 여호와께서 네게 응답하시고 야곱의 하나님의 이름이 너를 높이 드시며, 네 마음의 소원대로 허락하시고 네 모든 계획을 이루어 주시기를 원하노라. (시 20:1, 4)

하나님, 남편과 아내로만 존재하던 우리에게 자녀를 주셔서 가족을 이루게 하시니 감사합니다.

하나님의 은혜로 부모가 되고 이제 막 자녀를 양육하는 첫 걸음을 내딛은 이 길이 어렵고 고됨을 고백합니다. 혼자 제 삶을 책임지던 삶과는 달리 밤새워 우는 아이를 먹이고, 재우는 이 일이 가끔은 버거움을 고백합니다. 저를 보며 미소 짓는 아이를 보면 힘든 마음이 없어지다가도 가끔씩 찾아오는 버거움에, 제 삶을 잃은 것 같은 허무함에 눈물 흘릴 때도 있습니다. 연습 없이 맞이하는 '부모' 라는 이 길에 하나님이 함께 하여 주시길 원합니다. 우리의 시행착오를 겸손히 인정하고, 여유로 하나님이 주신 자녀를 대하게 하옵소서.

주님, 하나님이 맡기신 양육의 사명을 우리 부부가 마음을 모아 잘 감당할 수 있도록 지혜와 힘을 주옵소서. 부모가 된 첫 마음을 간직하게 하시고, 양육을 위한 부부의 건강한 대화가 풍성하게 하옵소서. 무엇보다 성경대로 양육하는 기쁨을 누리게 하여 주옵소서. 예수님의 이름으로 기도합니다. 아멘.

오늘의 기도

매일기도 ☐ 학부모구호 ☐

기도하는 자녀가 되길 바라는 기도

22

1월 22일

여호와께서 자기에게 기름 부음 받은 자를 구원하시는 줄 이제 내가 아노니 그의 오른손의 구원하는 힘으로 그의 거룩한 하늘에서 그에게 응답하시리로다. 어떤 사람은 병거, 어떤 사람은 말을 의지하나 우리는 여호와 우리 하나님의 이름을 자랑하리로다. (시 20:6-7)

우리와 함께 하신다는 약속을 지키시는 하나님, 자녀가 하나님께 귀하게 쓰임 받았던 믿음의 사람들처럼 하나님과 함께 하는 시간들을 쌓아가길 소망합니다.

분주하고 소란한 세상의 계획 가운데서도 하나님께 기쁨으로 떼어드리는 기도의 시간을 만들고, 그 시간만큼은 정확하게 하나님께 드림으로써 하나님을 최우선으로 사랑하는 우리의 자녀가 되게 하옵소서.

삶의 우선순위가 하나님이 되어, 어떤 이유나 문제 앞에서도 기도의 시간을 정확하게 드리게 하옵소서. 또한 하나님의 약속이 가장 가치 있는 것처럼 하나님께 드리는 우리의 약속 역시 귀중하고 소중한 가치를 지니고 있다는 것을 삶으로 살아내는 우리의 자녀가 되게 하여 주옵소서.

다니엘과 같이 어떠한 순간에도 기도하게 하시고, 우리 자신을 위해 기도하는 것 뿐 아니라 이웃과 세상을 향해 중보하게 하옵소서. 예수님의 이름으로 기도합니다. 아멘.

오늘의 기도

매일기도 □   학부모구호 □

자녀가 성령의 열매를 맺길 바라는 기도

23

1월 23일

여호와여 왕이 주의 힘으로 말미암아 기뻐하며 주의 구원으로 말미암아 크게 즐거워하리이다. 그의 마음의 소원을 들어 주셨으며 그의 입술의 요구를 거절하지 아니하셨나이다. (시 21:1-2)

우리 아이를 심으시고 자라게 하시는 하나님 아버지, 우리 자녀들이 무성한 잎을 지니면서 성령의 열매를 맺어가는 신앙을 갖게 하옵소서. 예수님께서 우리를 사랑하셨듯이 친구와 이웃을 사랑하는 열매를 맺게 하시고, 고통스럽고 힘든 상황에서도 하나님을 바라보며 기뻐하는 희락의 열매를 맺게 하시고, 다툼과 싸움이 있는 곳에 먼저 용서하고 사과하는 화평의 열매를 맺게 하시고, 어려움 속에서도 하나님의 인도를 신뢰하고 오래 참는 열매를 맺게 하시고, 타인의 시선을 의식하지 않고도 선한 마음을 베푸는 자비의 열매를 맺게 하시고, 말과 행실을 다듬어 사람들에게 친절하게 대하는 양선의 열매를 맺게 하시고, 주님께서 부탁하신 것을 신실하게 지켜나게는 충성의 열매를 맺게 하시고, 비록 적이라도 함부로 하지 않고 온화한 인격으로 이길 수 있는 온유의 열매를 맺게 하시고, 쾌락에 빠지지 않고 자신의 옳은 길로 이끌어가는 절제의 열매를 맺게 하옵소서.

우리 자녀가 맺은 성령의 열매들이 자신을 위한 것이 될 뿐 아니라 다른 새싹이 자라는 씨앗이 되길 소망합니다. 예수님의 이름으로 기도합니다. 아멘.

오늘의 기도

매일기도 ☐　학부모구호 ☐

자녀의 은사를 계발하는 기도: 공간지능

24

1월 24일

이스라엘의 찬송 중에 계시는 주여 주는 거룩하시니이다. 우리 조상들이 주께 의뢰하고 의뢰하였으므로 그들을 건지셨나이다. 그들이 주께 부르짖어 구원을 얻고 주께 의뢰하여 수치를 당하지 아니하였나이다. (시 22:3-5)

모든 사람에게 알맞은 은사와 재능을 주신 하나님, 자녀에게 주신 은사를 잘 발견하고, 발현할 수 있도록 돕는 부모가 되길 원합니다.

특별히 자녀에게 시간과 공간에 대한 지식을 주신 하나님, 시공간적으로 세상을 인지하고 추상적인 것을 시각화하며 공간적 구조를 잘 이해하는 자녀가 자신의 은사를 사람과 사회, 그리고 지역을 선하게 하는데 사용하게 하옵소서. 지역과 땅을 어떻게 조성하며 공간을 구성하는지, 어떻게 하는 것이 하나님이 주신 피조세계를 잘 관리하는 것인지 파악할 수 있도록 은혜를 베풀어 주옵소서.

낙서하기, 오려붙이기, 종이접기 등 자녀가 나타내는 재능에 무관심했거나 무의미한 것에 시간을 보낸다고 타박했던 우리의 모습을 돌아봅니다. 자녀의 은사에 맞게 학업을 즐거이 느낄 수 있도록 관찰하고 격려하는 부모가 되게 하옵소서. 그리하여 하나님이 주신 재능으로 마음껏 자신의 인생에서 하나님의 나라를 펼쳐가는 자녀가 되게 하옵소서. 예수님의 이름으로 기도합니다. 아멘.

오늘의 기도

매일기도 ☐   학부모구호 ☐

교사를 위한 기도

25
1월 25일

여호와는 나의 목자시니 내게 부족함이 없으리로다. 그가 나를 푸른 풀밭에 누이시며 쉴 만한 물 가로 인도하시는도다. 내 영혼을 소생시키시고 자기 이름을 위하여 의의 길로 인도하시는도다. (시 23:1-3)

참 좋으신 하나님 아버지, 오늘 주님께 간절히 기도합니다. 이 땅의 교사들을 주님의 사랑가운데 돌보아 주옵소서.

어려운 공부를 잘 마치고 학교현장으로 부름을 받아 일하게 된 교사들이 소명감을 가지고 일하게 하옵소서. 학생들을 가르치는 현장에서 좌절할 때마다 다시금 일어날 수 있는 소망을 주옵소서. 또한 하나님을 경외하게 하셔서 두려운 마음으로 스승의 자리에 서게 하시고, 학문함의 기쁨과 교육함의 부담으로 교단에 서게 하옵소서.

교사들의 교권이 날로 추락하고 있는 안타까운 현실 속에서 교사들이 교사됨의 역할을 충실히 감당하게 하시고 존경받는 모습으로 귀한 삶의 모범이 되게 하옵소서. 올바른 지식을 전수하되 인격적 가르침이 되게 하시고 참된 사랑을 전하되 넘치거나 부족함이 없도록 하옵소서.

특별히 학교에 계시는 기독 교사들을 깨워주셔서 학교 풍토를 기독교적으로 세우는 일에 헌신하게 하시고 기독 교사들이 예수님을 닮아 참된 교사로 칭찬받게 하옵소서. 예수님 이름으로 기도합니다. 아멘.

오늘의 기도

매일기도 ☐   학부모구호 ☐

기독학부모를 세우는 사역을 위한 기도:신문

26
1월 26일

내가 사망의 음침한 골짜기로 다닐지라도 해를 두려워하지 않을 것은 주께서 나와 함께 하심이라. 주의 지팡이와 막대기가 나를 안위하시나이다. 주께서 내 원수의 목전에서 내게 상을 차려 주시고 기름을 내 머리에 부으셨으니 내 잔이 넘치나이다. (시 23:4-5)

하나님 아버지, 기독교학교교육연구소를 통하여 기독학부모를 세우고자 하는 열심을 갖게 하시니 감사합니다. 이 땅의 부모를 일깨워 기독학부모로 세우고자 하는 기독학부모 사역에 하나님께서 섬세하게 간섭하여 주셔서 교육이 회복되도록 하옵소서.

주님, 많은 사역 중에서 기독학부모 신문을 위해서 기도합니다. 각 교회와 가정으로 발송되는 기독학부모 신문이 기독학부모의 갈증과 궁금증을 풀어내고 위로와 회복을 갖게 하는 소통의 통로가 되게 하옵소서.

기독학부모들의 언론창구로서의 역할을 잘 감당하며 기독학부모들의 소소한 이야기를 중요하게 여기는 신문이 되게 하옵소서. 편집기자들이 기사를 정성껏 잘 쓰도록 지혜와 명철을 허락하여 주옵소서. 그리고 차후 더 많은 지면으로 많은 분들에게 발송이 될 수 있도록 재정적 자립도 허락하여 주옵소서. 예수님의 이름으로 기도합니다. 아멘

오늘의 기도

매일기도 ☐ 학부모구호 ☐

온전한 자녀 양육을 위한 기도

27

1월 27일

그는 여호와께 복을 받고 구원의 하나님께 의를 얻으리니, 이는 여호와를 찾는 족속이요 야곱의 하나님의 얼굴을 구하는 자로다. (시 24:5-6)

언제나 우리 가정과 함께 하시는 하시는 하나님, 믿음의 가정을 이루게 하시고 자녀를 주의 말씀 안에 양육하고자 하는 마음을 주셔서 감사합니다. 자녀를 잘 양육할 수 있도록 주님의 지혜와 사랑으로 이끌어 주옵소서. 죄 많고 나약한 인간의 모습으로 아이를 저의 뜻대로 가르치려고 하였던 때가 많았습니다. 용서해주시고, 고쳐 회복시켜 주옵소서.

주님, 그동안 인본주의적 세계관으로 가르치던 저희들의 잘못을 뉘우치며, 이제 부모인 제가 새로운 신앙고백을 합니다. 마음을 다하고, 뜻을 다하고, 힘을 다하여 하나님 여호와를 사랑하겠습니다. 또한 마음에 새기고 우리 자녀에게 부지런히 가르치며, 집에 앉았을 때에든지 일어날 때에든지 하나님 경외하는 것을 삶속에서 실천하도록 하겠습니다.

하나님의 주권에 순종하는 자녀가 될 수 있도록, 먼저 저부터 주님께 순종하고, 주의 말씀으로 훈계하고, 사랑으로 칭찬하여 잘 양육하도록 성령의 지혜를 주옵소서. 예수님의 이름으로 기도합니다. 아멘.

오늘의 기도

매일기도 ☐　학부모구호 ☐

성공 신화의 욕심을 회개하는 기도

28
1월 28일

여호와여 나의 영혼이 주를 우러러보나이다. 나의 하나님이여 내가 주께 의지하였사오니 나를 부끄럽지 않게 하시고 나의 원수들이 나를 이겨 개가를 부르지 못하게 하소서. (시 25:1-2)

자녀 양육의 근본이요 참된 방향이 되시는 하나님, 하나님께서 우리 인생의 주인 됨을 입버릇처럼 고백하면서도 저의 계획과 세상의 기준을 놓지 못하고 살아왔음을 회개합니다. 용서하여 주옵소서.

하나님의 말씀보다 뉴스나 신문, 주변 사람들의 이야기에 집중했던 저의 눈과 귀를 회개합니다. 긍휼히 여겨 주옵소서. 죄 된 본성은 하나님의 방식을 신뢰하지 못하고 순간순간 세상이 주는 유혹을 떨치지 못했습니다. 경쟁에서 이겨 세상에서 성공하기 위해 달려가는 것이 저의 욕심인 줄도 모르고, 자녀에게 부모의 방식을 강요해 왔습니다. 자녀가 성공의 길에 들어서는 것 같으면 안심하고, 그렇지 않으면 불안하여 사교육에 무작정 의존하며 자녀를 다그치기도 했습니다. 하나님, 저의 어두운 마음을 용서하여 주옵소서.

하나님, 순간순간 저의 생각과 세상의 기준에 가려 약해지는 마음을 붙들어 주옵소서. 예수님의 이름으로 기도합니다. 아멘.

오늘의 기도

매일기도 ☐　학부모구호 ☐

유아기 자녀를 둔 부모를 위한 기도

29

1월 29일

여호와는 나의 빛이요 나의 구원이시니 내가 누구를 두려워하리요 여호와는 내 생명의 능력이시니 내가 누구를 무서워하리요. (시 27:1)

우리 가족을 믿음 안에서 자라게 하시는 하나님, 감사를 드립니다. 부모인 저도, 사랑하는 자녀도 오늘까지 지키시고, 자라게 하여 주신 것은 모두 하나님의 은혜입니다.

하나님, 이제 막 또래 집단 속에서 새로운 사회관계를 시작한 자녀가 친구들과의 마찰이 생기기도 하고 자기 의사표현도 확실하여 고집을 부리거나 떼를 피울 때도 있습니다. 그 때 중재자인 부모로서 강압적으로 자녀에게 다가가지 않게 하시고, 성경적인 권위로 서는 부모가 되게 하옵소서.

자녀가 자라면서 부모의 미음에 들지 않을 때 내 욕심대로, 부모의 힘을 사용하여 고치려하지 말고, 먼저 그 모습을 인정하게 하옵소서. 자녀에게 권위를 형성하는 시기인 만큼 말씀으로 권위를 세우게 하시고, 말씀에 토대를 두고 양육하는 부모가 되게 하소서.

주님, 저의 감정과 생각이 앞서려 할 때마다 아이의 주인이 하나님임을 분명히 알게 하시고, 우리 부부는 다만 청지기가 되게 하여 주옵소서. 말씀의 권위로 살아가는 우리 부부를 통해 자녀도 말씀 안에서 자라게 하여 주옵소서. 예수님의 이름으로 기도합니다. 아멘.

오늘의 기도

매일기도 ☐   학부모구호 ☐

신앙의 가정이 되기 위한 기도

30
1월 30일

내가 산 자들의 땅에서 여호와의 선하심을 보게 될 줄 확실히 믿었도다. 너는 여호와를 기다릴지어다. 강하고 담대하며 여호와를 기다릴지어다.
(시 27:13-14)

하나님 아버지, 한 마음 한 뜻으로 주님을 바라볼 수 있는 가족 공동체를 주셔서 감사합니다.

제가 힘들고 어려울 때 남편(아내)의 기도와 격려가 회복의 통로가 되며, 어린자녀들의 존재는 사막 한가운데의 청량제와 같음을 고백합니다. 이들이 없으면 저는 이 땅에서의 삶이 온전치 못함을 고백합니다.

가정 가운데 성령께서 역사하여 주셔서 가정에서 온전한 하나님 나라를 경험하게 하시고 서로 격려하고 세워주며 치유함을 경험하는 행복한 그리스도인이 되게 하여 주옵소서. 혹시나 부모라는 위치로 자녀들에게 상처를 준 것이 있다면 사과 할 수 있는 용기를 주시옵소서. 자녀와의 대화를 통해 가정이 함께 한 곳을 바라보는 비전을 갖게 하옵소서. 편안한 가족 공동체가 생각 없는 말의 씨앗공장이 아니라 회복의 공동체가 되게 하시며, 서로를 위해 기도하는 시간이 세상의 어떠한 사단의 공격에도 버티는 영적인 방어망이 되게 하옵소서. 예수님의 이름으로 기도합니다. 아멘.

오늘의 기도

매일기도 ☐ 학부모구호 ☐

오래 참음의 성품을 위한 기도

31

1월 31일

군대가 나를 대적하여 진 칠지라도 내 마음이 두렵지 아니하며, 전쟁이 일어나 나를 치려 할지라도 나는 여전히 태연하리로다. (시 27:3)

우리의 죄로 인해 아파하시고 괴로워하시는 가운데서도 끝까지 참으시는 하나님, 하나님께로 돌아올 것이라는 우리에 대한 믿음으로 참고 또 참으시는 하나님의 마음을 제가 닮기를 원합니다. 자녀를 볼 때에도 늘 기다림과 오래 참음으로 보게 하옵소서.

특별히 자녀가 이 세상을 살면서 간혹 맞을 고통과 시련가운데서도 하나님을 향한 신뢰를 져버리지 않는 오래 참음이 있게 하옵소서. 믿음으로 인해 고난 받을 때에도 오래 참지 못하고 안락함을 좋아가는 우를 범하지 말게 하옵소서. 그리하여 환난은 인내를, 인내는 연단을, 연단을 소망을 이루는 기쁨을 누리게 하여 주옵소서.

오래 참음 가운데 하나님의 뜻이 있고 그 끝에 하나님의 기뻐하심이 있다는 소망을 가지고 끝까지 견디는 하나님의 강한 용사가 되게 하셔서, 세상이 하나님의 오래 참으심을 볼 수 있도록 하나님의 믿음의 거울이 되게 하옵소서. 예수님의 이름으로 기도합니다. 아멘.

오늘의 기도

매일기도 ☐ 학부모구호 ☐

2월의
기도

기독학부모 기도운동시리즈
첫번째 주제는 '희망'입니다.
2월의 묵상주제는
'온전한 성장'입니다

2월 첫날의 기도

하나님,
새로운 달 2월을 맞이하게 하시니 감사합니다.

늘 함께 하리라 약속하신 임마누엘의 주님,
2월에도 저희 부부와 자녀에게 함께 하옵소서.
하나님이 우리 가족의 목자가 되어 주셔서
언제나 부족함이 없었음을 고백합니다.
푸른 풀밭, 쉴만한 물가로 인도하여 주시고
우리 가족의 영혼을 소생시키시며
의의 길로 인도해 주셨습니다.

하나님, 혹시나 저희 가족이 어려움 가운데 있을지라도
주의 지팡이와 막대기로 인도하심을 믿습니다.
어려움과 고통 중에서도 우리의 잔을 넘치게 채우시고,
결국에는 풍성한 잔치상을 차려 주실 것을 믿습니다.
이런 하나님의 선하시고 인자하신 품 안에
저의 가족이 머물러 살게 하옵소서.

우리의 가정, 교회, 학교, 그리고 사회에도
하나님의 신실하신 섭리가 동일하게 임하기를 기도합니다.
새 학기를 앞 둔 이 땅의 자녀들에게도
새로운 마음과 정직한 영을 부어 주시옵소서.
예수님의 이름으로 기도합니다. 아멘.

자녀의 창조 목적을 깨닫기를 위한 기도

33

2월 2일

여호와를 찬송함이여 내 간구하는 소리를 들으심이로다. 여호와는 나의 힘과 나의 방패이시니 내 마음이 그를 의지하여 도움을 얻었도다. 그러므로 내 마음이 크게 기뻐하며 내 노래로 그를 찬송하리로다. (시 28:6-7)

모든 사람 한 사람 한 사람을 위한 목적과 계획을 가지시고, 그에 맞는 능력과 사명을 주신 하나님, 지금 이 시대가 하나님의 풍성하고 다양한 창조를 거스르며 오직 성취와 성적만으로 사람을 판단하고 평가하고 있습니다. 무엇보다 아직 경쟁을 배우기보다 사랑을 배우고, 자신만의 고유한 인생의 목적, 나에게 주어진 멋과 사명을 발견하고 길러야 할 우리의 자녀들이 좋은 성적을 위해 좋은 학교, 좋은 대학을 바라보며 몸과 마음 그리고 영혼이 고통 받고 병들어 가고 있습니다.

주님, 성취와 결과, 성적만으로 사람을 판단하고 평가하는 세상의 악한 흐름을 고쳐 주시고, 사람을 제대로 보지 못하는 저의 왜곡된 눈과 거짓 가치관을 바르게 회복시켜 주시옵소서. 그리하여 하나님이 모든 사람을 만드실 때 목적하시고 소망하신 대로 자녀들이 저마다의 자리에서 자신의 멋을 펼치게 하시고, 하나님의 부르심에 응답하는 학교와 사회, 나라가 되게 하옵소서. 우리의 자녀들이 성적의 노예가 되지 않고, 하나님의 고유한 창조목적을 깨닫고 목적대로 삶을 살게 하옵소서. 예수님의 이름으로 기도합니다. 아멘.

오늘의 기도

매일기도 ☐   학부모구호 ☐

초등학생 자녀를 둔 부모를 위한 기도

34

2월 3일

여호와는 그들의 힘이시요 그의 기름 부음 받은 자의 구원의 요새이시로다. 주의 백성을 구원하시며 주의 산업에 복을 주시고 또 그들의 목자가 되시어 영원토록 그들을 인도하소서. (시 28:8-9)

살아계신 하나님 아버지, 부모의 손에 벗어나 학교에서 더 큰 세상을 만나고 있는 자녀를 위하여 기도합니다. 새로운 세계에서 공부를 통해, 친구들 간의 만남을 통해 하나님 앞에서 고유하고 독립된 한 사람으로 자라나게 하시니 감사합니다.

주님, 혹여나 제가 가진 그릇된 세계관으로 자녀를 이끌고, 그것대로 세상을 보도록 하는 것은 아닌지 두려움이 앞설 때가 있습니다. 초등학생이 되어 세상을 보며 호기심 가득한 질문을 던지고, 세상을 경험하며 사는 자녀에게 바른 기독교 세계관으로 지식을 해석해주는 부모가 되게 하옵소서. 그것을 위해 우리 부부가 먼저 자녀의 학업에 관심을 가지며 기독교 세계관을 확립하게 하옵소서.

자녀의 삶에서 생기는 모든 어려움들을 자녀와 함께 기도로 해결하는 부모가 되게 하시고, 성경 안에서 하나님의 답을 구하는 가족이 되게 하여 주옵소서. 그리하여 우리 부부와 자녀안에 하나님의 생각이 가득하게 하여 주옵소서. 예수님의 이름으로 기도합니다. 아멘.

오늘의 기도

매일기도 ☐　학부모구호 ☐

섬기는 가정이 되기 위한 기도

35
2월 4일

여호와께서 자기 백성에게 힘을 주심이여 여호와께서 자기 백성에게 평강의 복을 주시리로다. (시29:11)

섬김의 본으로 예수님을 이 땅에 보내주신 하나님, 나의 만족과 유익을 위해 살아가는 제가 아니라 눈을 들어 이웃과 세상을 바라보게 하옵소서.

저희 가정의 삶을 통해 온전히 예수 그리스도가 나타나기를 소망합니다. 몸소 섬김의 본을 보이신 예수님처럼 저희 가족 모두가 사랑으로 서로를 섬기게 하시고, 섬김으로 가정이 회복되게 하여 주옵소서. 부모인 저는 자녀를 섬기고, 형제, 자매가 서로 섬기게 하옵소서. 또한 저희 가정이 이 땅에 굶주리고 소외되고 외로운 사람들에게 기꺼이 우리의 마음과 물질을 나눌 수 있기를 원합니다.

몸소 섬김을 실천하는 부모 된 저를 통해 우리 자녀가 이웃을 네 몸과 같이 사랑하라 하신 하나님의 말씀을 깨닫게 하옵소서. 바라기는 우리 가정을 보면 그리스도를 보는 것 같다고 고백하는 가정들이 많아지게 하시고, 이 섬김의 파도가 저희 교회와 지역사회를 덮게 하여 주옵소서. 하나님의 마음으로 이웃을 섬기도록 하옵소서. 예수님의 이름으로 기도합니다. 아멘.

오늘의 기도

매일기도 ☐ 학부모구호 ☐

절제의 성품을 위한 기도

36
2월 5일

여호와여 들으시고 내게 은혜를 베푸소서. 여호와여 나를 돕는 자가 되소서 하였나이다. 주께서 나의 슬픔이 변하여 내게 춤이 되게 하시며 나의 베옷을 벗기고 기쁨으로 띠 띠우셨나이다. (시 30:10-11)

늘 좋은 것을 주시는 사랑의 하나님, 모든 것이 다 주께로부터 왔음을 고백하며 감사드립니다. 그러나 주님, 때때로 하나님이 주신 선물을 낭비하며 그 가치를 가볍게 여기는 죄를 범할 때도 있습니다. 하나님이 주신 시간을 낭비하고 물질을 허비하며 건강을 아무렇게나 취급하여 돌보지 않을 때도 있었습니다. 분명한 목표가 없음으로 인해 삶이 쉽게 혼란 속에 빠지기도 하고, 무절제한 생활 때문에 삶의 의미를 잃어버릴 때도 있었습니다. 주님, 저를 불쌍히 여기시어 부모로서 아이들에게 절제의 삶의 본을 보이게 하옵소서.

주님, 사랑하는 자녀가 절제가 힘들 수 있는 때이지만 잘못된 길에 빠지지 않고 하나님이 기뻐하는 뜻에 맞게 기꺼이 절제하는 은혜를 베풀어 주옵소서. 컴퓨터와 게임의 무절제로부터 건져주시고, 모든 시간을 지혜롭게 사용하여 낭비하지 않고, 자신의 건강을 잘 돌봄으로 몸으로 하나님께 영광을 돌리게 하옵소서. 참고 견디는 것을 잘 훈련받아 하나님이 원하시는 '절제'의 삶을 사는 자녀가 되게 하옵소서. 예수님의 이름으로 기도합니다. 아멘.

오늘의 기도

매일기도 ☐ 학부모구호 ☐

그릇된 학업의 길에서 돌아설 것을 위한 기도

37

2월 6일

여호와 내 하나님이여 내가 주께 부르짖으매 나를 고치셨나이다. 여호와여 주께서 내 영혼을 스올에서 끌어내어 나를 살리사 무덤으로 내려가지 아니하게 하셨나이다. (시 30:2-3)

하나님의 부르심을 따라 모든 것을 내려놓고 보여주실 곳을 향해 길을 떠난 아브라함, 신앙의 순결을 지키려고 억울한 고통을 기꺼이 감수한 요셉, 또한 오직 우리를 위해 하늘 보좌를 버리시고 즐거이 낮아지셔서 사람이 되어주신 예수님, 이처럼 수많은 성경 인물들과 앞서 살아가신 신앙의 열조들, 선배들을 통해 성공적인 인생은 오직 하나님의 뜻을 따라 살아가는 것임을 가르쳐주시니 감사합니다.

그러나 지금 이 시대에 우리의 자녀들은 높은 성적과 소위 명문 중·고등학교, 대학교 그리고 연봉 높은 직장 등을 성공의 조건이라고 배우고 있습니다. 가정에서, 학교에서 거짓 성공을 배우며, 선배와 후배 그리고 어른들로부터 하나님이 기뻐하시지 않는 성공을 주입받고 있습니다. 주님, 우리에게 그릇된 학업의 풍토에서 돌이킬 수 있는 믿음과 용기를 주옵소서. 모든 가정, 모든 학교에서 우리의 자녀들이 하나님이 한 사람 한 사람을 위해 계획하신 바에 따라 자신의 인생의 목적과 방향, 소명을 발견하고, 재능과 능력을 통해 사명을 이루는 진짜 성공을 이루게 하옵소서. 예수님 이름으로 기도합니다. 아멘.

오늘의 기도

매일기도 ☐   학부모구호 ☐

자녀의 담임 선생님을 위한 기도

38

2월 7일

여호와여 내가 주께 피하오니 나를 영원히 부끄럽게 하지 마시고 주의 공의로 나를 건지소서. 내게 귀를 기울여 속히 건지시고 내게 견고한 바위와 구원하는 산성이 되소서 주는 나의 반석과 산성이시니 그러므로 주의 이름을 생각하셔서 나를 인도하시고 지도하소서. (시 31:1-3)

자녀에게 귀한 선생님을 만나게 해주신 하나님, 한 해 동안 선생님을 통해 학교생활이 더욱 의미 있게 하시고 행복한 만남이 되게 하여 주옵소서. 부모로서 자녀의 담임 선생님의 모습 그대로를 인정하며 감사하게 하옵소서. 선생님의 전문성을 높이 사며 인격적으로 선생님을 대하도록 저를 고쳐 주옵소서. 우리 아이에게 잘 하기보다는 학급운영을 잘하게 하시고, 우리 아이만을 사랑해주시기보다 학급모두가 서로 배려하고 존중받는 분위기를 갖게 하옵소서.

또한 자녀가 선생님을 존경하는 아이가 되어, 선생님의 가르침을 경청하고, 존경하는 마음을 가져 선생님도 아이를 만나 더욱 의미 있고 감사한 교직생활을 경험하게 하옵소서.

선생님에게 건강을 주셔서 출근하는 일이 어렵지 않게 하시고 가정을 돌봐 주셔서 어려운 일이 없도록 지켜 보호하여 주옵소서. 주님을 알지 못한다면 우리 아이와 저를 통해서 예수님을 경험하게 하시고, 믿음의 사람이라면 온전하게 기독교적 가르침을 실천하도록 용기를 주옵소서. 또한 제가 선생님과 건강한 동역을 감당하여 아이가 일 년 동안 아무 탈 없이 학교생활을 하도록 지켜 보호하여 주옵소서. 예수님의 이름으로 기도합니다. 아멘.

오늘의 기도

매일기도 ☐　학부모구호 ☐

기독학부모를 세우는 사역을 위한 기도 : 출판

39

2월 8일

내가 주의 인자하심을 기뻐하며 즐거워할 것은 주께서 나의 고난을 보시고 환난 중에 있는 내 영혼을 아셨으며, 나를 원수의 수중에 가두지 아니하셨고 내 발을 넓은 곳에 세우셨음이니이다. (시 31:7-8)

신실하신 하나님, 교육에 대한 수많은 정보와 자료가 이 땅에 너무나도 많습니다. 그러나 어떠한 것이 주님의 기쁨이 되는 교육인지에 대해 분별력이 부족하여 기독학부모라고 말은 하면서도 방향을 잡지 못하여 헤맬 때가 많습니다. 주님, 우리를 긍휼히 여겨주옵소서.

기독교학교교육연구소를 통해 기독학부모를 세우는 비전을 주시니 감사합니다. 그 비전과 함께 구체적으로 사역을 펼쳐갈 수 있도록 힘을 주시고, 기독학부모들에게 새로운 앎과 배움이 일어나는 사역들이 잘 전개되도록 하여주옵소서. 특히 출판사역을 위해 기도합니다. 이미 여러 많은 책들을 통해 기독학부모를 세웠듯이 꾸준하고도 깊이 있는 출판사역에 힘을 주셔서 하나님이 바라시고, 기독학부모의 필요를 채우는 좋은 책과 자료들이 나오게 하여주옵소서. 출판사역을 통하여 더 많은 기독학부모가 세워지게 하시고, 재교육이 일어나며, 더 나아가 기독학부모운동으로 펼쳐가게 하옵소서. 이 모든 사역의 주관자가 성령 하나님이 되길 소망하며 예수님의 이름으로 기도합니다. 아멘

오늘의 기도

매일기도 ☐ 학부모구호 ☐

일관된 자녀 양육을 위한 기도

40

2월 9일

여호와여 그러하여도 나는 주께 의지하고 말하기를 주는 내 하나님이시라 하였나이다. 나의 앞날이 주의 손에 있사오니 내 원수들과 나를 핍박하는 자들의 손에서 나를 건져 주소서. 주의 얼굴을 주의 종에게 비추시고 주의 사랑하심으로 나를 구원하소서. (시 31:14-16)

주님 뜻에 순종하게 해주시고, 그것을 통해 하나님의 뜻을 깨닫게 하시니 감사드립니다. 또한 부모의 소명을 발견하고 우리에게 맡겨진 자녀를 하나님 자녀로 양육하고자 하는 소망을 주셔서 감사합니다.

자녀를 양육하는 저희 부부가 삶에서 세상의 빛과 소금이 되기를 원합니다. 하나님이 세워주신 자녀교육의 주체자이지만, 내 욕심에 따라 자녀를 바라보았음을 회개합니다. 또한 기독교적인 세계관이 아닌 인본주의적이고 세속적인 세계관의 영향 아래 있었던 잘못을 용서하여 주옵소서.

이제 자녀가 주님의 자녀임을 다시 한 번 분명하게 고백합니다. 우리 부부가 자녀양육에 있어 일관된 기독교적 관점을 가지게 하시고, 왜곡된 세상의 교육에 맹목적으로 따라가지 않게 하여 주옵소서. 우리 부부의 마음을 붙잡아주시고, 주님의 마음을 닮아 우리 가정부터 먼저 기독교적인 세계관으로 자녀를 바라보고, 가르치게 하여 주시옵소서. 그리하여 이 땅의 교육이 바른 길로 가기를 소망하며 예수님 이름으로 기도합니다. 아멘.

오늘의 기도

매일기도 ☐ 학부모구호 ☐

자녀의 하나님 형상 회복을 위한 기도

41

2월 10일

여호와를 찬송할지어다. 견고한 성에서 그의 놀라운 사랑을 내게 보이셨음이로다. 내가 놀라서 말하기를 주의 목전에서 끊어졌다 하였사오나 내가 주께 부르짖을 때에 주께서 나의 간구하는 소리를 들으셨나이다. (시 31:21-22)

자녀를 만드시고 그 인생을 아름답게 계획하신 하나님, 사랑하는 아이가 하나님의 것임을 고백합니다. 하나님께서 처음 만드신 순간부터 지금까지 내 자녀의 모든 삶은 모두 주님의 손에 있으며, 그의 미래도 주님의 손에 있음도 고백합니다. 이 아이의 삶에 늘 함께 하시어 하나님의 형상을 닮은 사람으로 자라도록 도와주옵소서.

하나님께서 자녀에게 특별한 모습을 주셨는데, 그 안의 가능성을 보지 못하고 미래를 보지 못하고 현재에 초점을 맞추어 자녀의 부족함에만 관심을 가지는 우리의 연약함을 긍휼히 여겨주옵소서. 하나님께서 주신 특별한 모습을 찾고, 하나님의 형상대로 자라나 이웃에게도 유익을 끼치는 사람으로 자라게 하옵소서. 하나님, 우리가 세상에서 자녀를 맡아 기르는 동안 하나님의 눈으로 바라봄으로 자녀안의 하나님의 형상이 회복되게 하옵소서. 예수님의 이름으로 기도합니다. 아멘.

오늘의 기도

매일기도 ☐   학부모구호 ☐

십대 자녀를 둔 부모를 위한 기도

42

2월 11일

너희 모든 성도들아 여호와를 사랑하라 여호와께서 진실한 자를 보호하시고 교만하게 행하는 자에게 엄중히 갚으시느니라. 여호와를 바라는 너희들아 강하고 담대하라. (시 31:23-24)

사랑의 하나님 아버지, 어느덧 우리 자녀가 자라서 10대가 되었고, 사춘기를 맞이하게 되었습니다. 그 전에는 부모에게 순종하며, 끊임없이 이야기 하고 함께 하던 아이가 이제는 많이 변한 것 같아 아쉽기도 합니다. 언성을 높이며 부모의 뜻을 받아들이려 하지 않을 때는 많이 아프고 섭섭하기도 하지만, 그 아이의 생각과 마음이 자라고 있음을 인정하게 하여 주옵소서.

삶에서 가장 중요한 십대를 보내고 있는 우리 아이가 하나님 앞에서 '나는 누구인지' 바로 알게 하시고, 하나님의 나라와 영광을 위하여 자신의 삶을 어떻게 드릴지 확립하게 하여 부모로부터 건강한 분리가 일어나게 하옵소서.

또한 부모로서 여전히 자녀를 뜨겁게 사랑하되 말씀에 기초를 둔 신앙의 권위로 자녀를 양육할 수 있는 지혜와 믿음을 주옵소서. 성령의 법이 아이와 저 가운데 임하여 마찰보다 서로 이해와 존중이 가득하게 하여 주옵소서. 예수님의 이름으로 기도합니다. 아멘.

오늘의 기도

매일기도 ☐ 학부모구호 ☐

하나님 중심 신앙의 가정을 위한 기도

43

2월 12일

이로 말미암아 모든 경건한 자는 주를 만날 기회를 얻어서 주께 기도할지라. 진실로 홍수가 범람할지라도 그에게 미치지 못하리이다. 주는 나의 은신처이오니 환난에서 나를 보호하시고 구원의 노래로 나를 두르시리이다. (시 32:6-7)

여호와를 경외하는 것이 지식의 근본이라고 하신 하나님, 우리 자녀가 단지 똑똑하고 공부 잘 하는 아이가 되는 것을 기뻐하기보다 지식의 근본이신 여호와 하나님을 경외하는 자녀로 양육하기를 힘쓰는 부모가 되기를 원합니다.

또한 여호와를 경외하고 예배하는 것을 삶으로 가르치는 부모가 되게 하셔서, 여호와를 경외하는 자에게 주시는 화목하고 행복한 가정의 복을 풍성히 누리게 하옵소서.

우리 자녀가 세상의 지식과 실력을 쌓는 것, 인기와 명예를 얻는 것을 하나님을 경외하고 예배하는 것보다 더 중요하게 여길 때, 그 유혹이 아무리 매력적이라 할지라도 지혜와 지식의 근원이신 하나님을 경외하고 예배하는 것보다 더 큰 기쁨이 없다는 것을 놓치지 않게 하옵소서.

저희 가정이 하나님이 허락하신 생명과 호흡이 다하는 마지막 순간까지 하나님을 가장, 그리고 누구보다 뜨겁게 사랑하게 하옵소서. 예수님의 이름으로 기도합니다. 아멘.

오늘의 기도

매일기도 ☐　학부모구호 ☐

선한 성품을 위한 기도

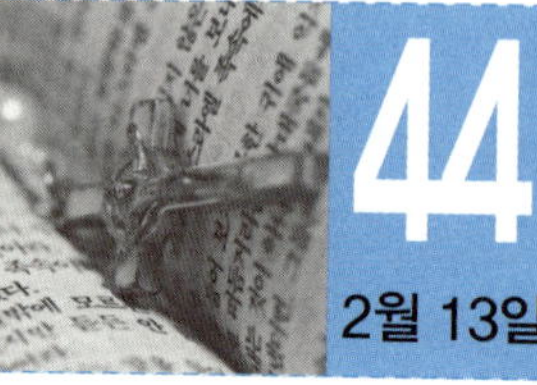

44

2월 13일

우리 영혼이 여호와를 바람이여 그는 우리의 도움과 방패시로다. 우리 마음이 그를 즐거워함이여 우리가 그의 성호를 의지하였기 때문이로다. 여호와여 우리가 주께 바라는 대로 주의 인자하심을 우리에게 베푸소서. (시 33:20-22)

빛 되신 주님, 날이 갈수록 악해져만 가고 죄악의 물결이 넘쳐흐르는 이 시대에는 하나님을 대적하는 문화와 사람을 해치는 악한 일들이 곳곳에서 일어나고 있습니다. 주님, 먼저 제 마음속에 있는 악한 마음과 추한 생각과 입술의 더러운 말들을 제하여 주옵소서. 우리의 자녀가 하나님의 사랑을 받은 자녀로서 먼저 선한 열매를 맺으며 살기를 원합니다. 무엇보다도 하나님이 원하시는 선함이 무엇인지 알고, 그것을 실천하는 건강한 성품을 갖게 해 주옵소서.

남들이 보지 않아도 착한 마음으로 친구들과 이웃에게 기꺼이 베푸는 아이로 지리나기를 원합니다. 자녀가 선한 일에 지혜롭고 악한 일에 미련하게 하옵소서. 사람을 살리는 일과 사랑하는 일에 부지런하고 악한 일과 죄 짓는 일에 게으르게 해 주옵소서. 스스로 선한 사람이 되기보다는 하나님을 온전히 신뢰하여 하나님과 온전한 관계를 맺음으로 선을 찾게 하옵소서. 예수님의 이름으로 기도합니다. 아멘.

오늘의 기도

매일기도 ☐ 학부모구호 ☐

선행학습의 교육풍토 치유를 위한 기도

45

2월 14일

이 곤고한 자가 부르짖으매 여호와께서 들으시고 그의 모든 환난에서 구원하셨도다. 여호와의 천사가 주를 경외하는 자를 둘러 진 치고 그들을 건지시는도다. (시 34:6-7)

정하신 질서에 따라 사람이 성장하고 발달하게 하신 하나님, 신실하신 주님의 섭리를 찬양합니다. 주님, 지금 이 시대의 교육풍토는 사람에게 부여하신 하나님의 질서를 따르지 않고 사람들의 욕심을 따라 선행학습, 조기교육 등에 힘을 쓰고 있습니다. 자녀의 성장과 발달, 준비도를 고려하기보다 남들과의 경쟁에서 앞서게 하려는 부모의 욕심 탓에 자녀들이 지치고 고통 받을 뿐 아니라, 그런 부모의 욕심을 이용하여 사교육 시장이 날로 커져가고 있습니다. 더불어 사교육비의 지출도 함께 늘어나 심각한 교육문제와 가정문제가 되고 있습니다.

주님, 하나님의 질서를 거스르는 시도를 막아 주옵소서. 그리고 그로 인한 자녀의 고통, 부모의 고통, 교육의 고통을 고쳐주옵소서. 학교와 부모가 힘을 모아 창조자 하나님의 관점으로 자녀의 발달과 성장을 정성껏 살피고, 그것을 토대로 각 자녀에게 꼭 맞는 교육을 하게 하옵소서. 그를 통해 선행학습을 위한 사교육의 악한 문제들이 뿌리 뽑히고, 건강하고 행복한 하나님의 교육이 뿌리내리게 하여 주옵소서. 예수님 이름으로 기도합니다. 아멘.

오늘의 기도

매일기도 ☐ 학부모구호 ☐

태아기 자녀의 신체발달을 위한 기도

46

2월 15일

너희는 여호와의 선하심을 맛보아 알지어다. 그에게 피하는 자는 복이 있도다. 젊은 사자는 궁핍하여 주릴지라도 여호와를 찾는 자는 모든 좋은 것에 부족함이 없으리로다. (시 34:8, 10)

이 땅에 많은 부부들에게 생명의 신비를 허락하여 주신 하나님, 제가 귀한 생명을 감사와 설렘으로, 두려움과 간구함 가운데서 맞이합니다. 태초부터 계획하신 이 아이가 하나님의 계획과 섭리 가운데 태중에서 건강하게 자라길 기도합니다. 제가 하나님의 선한 일을 위해 잠시 맡은 아이임을 어머니, 아버지임을 잊지 않게 하옵소서.

아이가 태중에서 자라는 동안 안전할 수 있도록 지켜주옵소서. 하나님의 일을 위해 쓰여 질 귀한 손과 발이 자라게 하시고, 열정적으로 살아가기 위해 필요한 장기들이 주님의 첫 창조의 법칙에 어긋남 없이 형성되도록 하여 주옵소서. 몸 안의 뼈와 골격이 단단하게 자리 잡아 강건하며, 안녕하도록 인도 하옵소서. 아이의 생각과 신앙이 담길 마음과 영이 주님 보시기에 아름답게 자라도록 태 밖의 모든 상황과 환경을 지켜 주옵소서.

아이가 세상에 태어나 첫울음을 울 때, 그 때를 오래 기억하게 하셔서 아이가 자라는 동안 감사하기 힘든 일이 생길 때에, 그 감사가 아직도 진행되고 있다는 것을 다시 깨닫는 부모가 되게 하여 주소서. 예수님의 이름으로 기도합니다. 아멘.

오늘의 기도

매일기도 ☐   학부모구호 ☐

주일을 거룩하게 지키는 것을 위한 기도

47

2월 16일

여호와를 의뢰하고 선을 행하라 땅에 머무는 동안 그의 성실을 먹을 거리로 삼을지어다. 또 여호와를 기뻐하라. 그가 네 마음의 소원을 네게 이루어 주시리로다. (시 37:3-4)

성령을 통해 역사 속에서 주일을 예배의 날로 정하신 하나님, 매주일 예배를 통하여 하나님을 만나는 기쁨을 누리게 하시니 감사합니다. 우리 가족이 주일을 하나님의 날로 거룩하게 구별하기 원합니다.

먼저 저희 부부가 예배를 최우선으로 여기고, 정해진 예배를 지키게 하옵소서. 그리고 중심을 드려 예배하는 것에도 성실하게 하옵소서. 예배의 날과 시간을 기억하고 거룩하게 구별하여 드림으로 하나님을 사랑하고 섬기는 하나님의 백성으로 분명히 구별되는 사람이 되기를 원합니다.

무엇보다 자녀의 공부와 성적 앞에서 믿음이 약해지는 그릇된 모습이 바르게 회복되기를 원합니다. 학교와 학원, 성적이 예배를 대신하는 것을 거부하게 하시고, 주일을 온전하게 하나님의 날로 보내는 신앙을 부모의 삶으로 가르치게 하옵소서. 또한 가정예배도 살아있게 하셔서 주일의 예배가 주중에도 거룩하게 이어지게 하옵소서. 그리하여 우리 가정은 주일을 온전하게 구별함을 통해 하나님의 영광을 보게 하옵소서. 예수님의 이름으로 기도합니다. 아멘.

오늘의 기도

매일기도 ☐ 학부모구호 ☐

사랑의 성품을 위한 기도

48

2월 17일

또 여호와를 기뻐하라 저가 네 마음의 소원을 이루어 주시리로다. (시 37:4)

늘 동일한 사랑을 베푸시는 하나님, 모든 것 중에 가장 소중한 것이 사랑이고 가장 기본이 되는 것이 사랑임을 잊지 않기를 원합니다. 하지만 주님, 이 땅은 셀 수 없이 많은 사랑의 대상들이 넘쳐나고 어떤 것을 사랑해도 모두 다 옳다고 하는 거짓들이 판치는 곳이 되었습니다.

이제 저와 자녀뿐만 아니라 우리의 모든 자녀들이 진정한 사랑으로 돌아가길 원합니다. 하나님을 사랑하고 이웃을 사랑하는 두 가지 사랑 안에 모든 것이 다 들어 있다고 하신 예수님의 말씀처럼, 하나님을 먼저 사랑하는 사람들이 되게 하시고, 그 사랑으로 이웃을 사랑하는 사람들이 되길 원합니다. 부모인 제가 먼저 사랑의 삶을 보이게 하옵소서. 그리하여 자녀가 하나님이 베푸신 사랑으로 이 땅의 사람들을 사랑하고, 더욱더 하나님을 사랑하는 아이로 자라가게 하옵소서.

태초부터 지금까지 하나님의 사랑으로 우리와 함께 하신 예수님의 이름으로 기도합니다. 아멘.

오늘의 기도

매일기도 ☐   학부모구호 ☐

하나님의 부르심에 응답하길 원하는 기도

49

2월 18일

네 길을 여호와께 맡기라. 그를 의지하면 그가 이루시고, 네 의를 빛 같이 나타내시며 네 공의를 정오의 빛 같이 하시리로다. (시 37:5-6)

사람을 부르시고, 부르신 그들을 거룩하고 영화롭게 하시어 하나님 나라의 일을 하게 하시는 하나님의 섭리와 역사를 기뻐하며 찬양합니다.

그 섭리에 따라 우리 가정이 하나님의 부르심 받기를 원합니다. 이를 위해 우리의 자녀가 세상의 거짓 부름을 분별하는 지혜로운 사람이 되게 하시고, 악한 부름의 유혹에 맞서서 이겨내는 믿음과 용기를 갖게 하여 주옵소서. 부모인 저 또한 지혜롭지 못하여 세상의 거짓 부름의 소리에 귀를 기울이거나 그 흐름에 편승하여 자녀를 그릇 이끌지 않게 하옵소서. 또 맑은 영의 눈을 갖게 하셔서 하나님이 기뻐하시지 않는 세상의 거짓 부르심을 날카롭게 분별하여 알고, 그 뒤에 숨어 있는 악한 세력의 교묘한 생각을 드러내어 사단을 부끄럽게 만드는 영향력 있는 기독학부모가 되게 하옵소서.

그러나 주님, 부모와 자녀 세대가 무엇보다 하나님의 부르심에 민감하기를 원합니다. 무엇을 위해 부르시는지, 어디로 부르시는지, 어떻게 부르시는지 성령 안에서 분명하게 듣고 발견하게 하옵소서. 그래서 어리거나 나이가 들었거나 꿈을 발견해가고, 진로를 찾아가고, 진학을 결정해 가는 모든 과정에서 하나님의 부르심을 성취하게 하옵소서. 예수님 이름으로 기도합니다. 아멘.

오늘의 기도

매일기도 ☐ 학부모구호 ☐

학교의 구성원을 위한 기도

50

2월 19일

여호와여 내가 주를 바랐사오니 내 주 하나님이 내게 응답하시리이다.
(시 38:15)

하나님, 우리 아이의 학교를 위해서 기도합니다. 특별히 교장, 교감 선생님을 위해 기도하오니, 은혜로 붙들어 주옵소서.

오랫동안 교직에서 정성을 쏟다가 이제 행정가로서 학교의 형편을 넓게 보고 방향을 잡는 귀한 역할을 하시는 교장, 교감선생님이 각각의 역할을 잘 감당하도록 도와주옵소서. 이들을 통해 이루고자 하시는 학교에 베푸실 은혜와 하나님의 섭리를 기대하며 한 해 동안 아름다운 학교공동체를 세워가도록 하옵소서.

교장과 행정직원들이, 교장과 교사들이, 교장과 학부모가, 교장과 일선 교육칭이 잘 소통하고 배려하여 어떤 것이 교육적으로 옳고 바른지 잘 분별하게 하시고 한마음 한뜻으로 학교를 운영하는 데에 부족함이 없게 하옵소서.

행정가로서 규모 있게 학교를 운영하게 하시며, 재정적으로 투명성을 기해서 신뢰받는 학교공동체가 되게 하옵소서. 그분들이 교장, 교감의 역할을 감당할 때에 외롭거나 지치지 않도록 돕는 이들을 붙여주옵소서. 공경 받는 학교의 어른으로 묵묵히 그 일을 감당하게 하옵소서. 예수님의 이름으로 기도합니다. 아멘.

오늘의 기도

매일기도 ☐ 학부모구호 ☐

기독학부모를 세우는 사역을 위한 기도:연구원

51

2월 20일

주여 이제 내가 무엇을 바라리요 나의 소망은 주께 있나이다. 여호와여 나의 기도를 들으시며 나의 부르짖음에 귀를 기울이소서. 내가 눈물 흘릴 때에 잠잠하지 마옵소서. 나는 주와 함께 있는 나그네이며 나의 모든 조상들처럼 떠도나이다. (시 39:7, 12)

하나님, 기독학부모운동을 위해서 힘쓰고 있는 귀한 분들을 위해서 기도합니다. 특별히 기독학부모들을 세우고자 마음을 쏟는 기독교학교교육연구소에 은혜를 더하여 주시옵소서.

연구원들이 교육의 길에 하나님의 나라가 확장되는 비전을 온전하게 펼치도록 지혜와 명철, 강건함을 허락하여 주옵소서. 기독학부모운동의 일선에서 교육과 세미나, 연구와 행사 등에 마음과 정성을 쏟을 때 지치지 말게 하시고 소명 받은 자로서 기쁘고 즐겁게 이 일에 헌신하게 하옵소서.

기독학부모를 세우는 가운데 좌절하거나 낙망할 때가 있을지라도, 주님 이 일에 한마음이 되어 동역할 이들이 늘어나서 건전한 기독학부모운동, 하나님이 기뻐하시는 기독학부모운동이 아름답게 펼쳐지게 하옵소서.

기독학부모가 이 시대 교육을 회복시킬 귀한 희망의 새로운 주체로 인식하게 하신 하나님, 정말 감사합니다. 예수님의 이름으로 기도합니다. 아멘.

오늘의 기도

매일기도 ☐　학부모구호 ☐

자녀의 전인적 성장을 위한 기도

52
2월 21일

내가 여호와를 기다리고 기다렸더니 귀를 기울이사 나의 부르짖음을 들으셨도다. 나를 기가 막힐 웅덩이와 수렁에서 끌어올리시고 내 발을 반석 위에 두사 내 걸음을 견고하게 하셨도다. (시 40:1-2)

하나님, 한 가정을 이루게 해주시고 귀한 열매인 자녀를 주셔서 감사합니다. 하나님은 태의 축복을 주셔서 한 생명을 잉태하여 많은 사람들의 기쁨과 축복이 되게 해주셨습니다. 하지만 그 기쁨도 잠깐, 저는 이 생명을 부모의 의지대로 과한 열정으로 때로는 무관심으로 양육하였습니다. 자녀를 향하신 주님의 뜻을 바르게 분별하지 못했습니다. 용서하여 주옵소서. 이제는 우리의 관심을 돌이켜 자녀에 대한 건강한 관심을 갖는 부모가 되길 원합니다.

무엇보다 자녀가 세상적인 성공을 향한 성장으로 그치는 것이 아니라, 전인적인(지혜, 봄, 키, 사회성, 영성) 성장이 이루어지기를 원합니다. 세상에서 추구하는 지적인 성장만, 외적인 성장만 관심가지고 강화시키는 부모가 되는 것이 아니라, 여호와를 경외하며 말씀의 지혜를 사모하는 영적인 성장, 이웃을 사랑하며 자신의 것을 기꺼이 내어줄 수 있는 사회성의 성장이 이루어지도록 양육하는 부모가 되게 하옵소서. 예수님의 이름으로 기도합니다. 아멘.

오늘의 기도

매일기도 ☐   학부모구호 ☐

우리의 죄성을 인정하며 긍휼과 도움을 구하는 기도

53

2월 22일

내 영혼아 네가 어찌하여 낙심하며 어찌하여 내 속에서 불안해하는가. 너는 하나님께 소망을 두라. 그가 나타나 도우심으로 말미암아 내가 여전히 찬송하리로다. (시 42:5)

죄악 된 세상에서 우리의 자녀를 보호하시는 하나님 감사합니다. 지금도 사단은 우리의 자녀가 죄를 짓고 하나님과 멀어지도록 쉴 새 없이 그 틈을 노립니다. 하나님의 형상대로 창조된 자녀와 우리이지만 우리의 연약한 죄성으로 인해 하나님과의 관계가 멀어질 때가 있음을 고백합니다. 하나님, 이 아이의 삶을 지켜 주시고, 어디를 가든, 무엇을 하든 항상 동행하여 주시고 돌보아 주옵소서.

주님, 혹여나 자녀에 대한 사랑과 가능성에 대한 지나친 긍정으로 자녀들의 죄와 잘못을 제대로 바라보지 않고 외면하고 있다면, 부모로서 주의 교훈과 율례로 양육하게 하옵소서.

자녀의 잘못 앞에서 자녀를 바르게 훈육할 수 있는 지혜 또한 주옵소서. 자녀도 인간이기에 가지는 죄성을 분명히 분별하며 하나님의 뜻에 따라 적절하게 훈육하게 하옵소서. 저는 연약하고 불완전하나 주님의 말씀은 강하고 완전하십니다. 주의 도를 따라 양육하기를 원하오니 오늘도 승리하는 삶을 살게 하옵소서. 예수님의 이름으로 기도합니다. 아멘.

오늘의 기도

매일기도 ☐ 학부모구호 ☐

영유아 유치 자녀의 신체발달을 위한 기도

54

2월 23일

낮에는 여호와께서 그의 인자하심을 베푸시고 밤에는 그의 찬송이 내게 있어 생명의 하나님께 기도하리로다. (시 42:8)

오늘도 주님이 창조하신 생명의 신비를 깨닫게 하여 주신 하나님, 부족하지만 열심히 돌보는 자녀가 자라고 있음에 감사합니다. 아이 스스로 하나씩 보이는 발달과 어느 새 무언가를 할 수 있게 되는 학습의 과정이 부모인 저의 눈에는 늘 놀라우며, 다시금 하나님이 만드신 창조와 성장을 법칙을 알아감을 고백합니다.

뒤집기를 시작하더니 걸음마를 데고 뛰어놀기까지, 평범할지도 모르는 이러한 발달과정에 세밀한 하나님의 간섭하심과 은혜를 느낍니다. 자녀의 대근육, 소근육이 건강하게 발달하게 하시며, 작은 것에 일희일비하며 부모가 조급함을 내기보다는 우리 자녀의 속도에 맞게 인내하며 기다리는 부모가 되게 하옵소서. 건강하게 몸이 자라는 것처럼 마음과 영혼도 건강하게 성장하게 하옵소서.

우리 자녀가 몸과 생각이 자라 언젠가는 부모를 떠나 하나님 아버지께서 명령하신 자리로 가는 것이 주님이 주신 삶이라는 것을 조금씩 이해해 갈 수 있도록 인도하여 주옵소서. 또한 그를 위해 오늘도 부모로서 저의 마음과 이기심과 생각, 그리고 욕심을 내리고 그 자리에 예수님의 형상을 올리도록 하여 주옵소서. 예수님의 이름으로 기도합니다. 아멘.

오늘의 기도

매일기도 ☐　학부모구호 ☐

희 망

기도의 능력을 아는 부모가 되기 위한 기도

55

2월 24일

하나님은 우리의 피난처시요 힘이시니 환난 중에 만날 큰 도움이시라. 그러므로 땅이 변하든지 산이 흔들려 바다 가운데에 빠지든지, 바닷물이 솟아나고 뛰놀든지 그것이 넘침으로 산이 흔들릴지라도 우리는 두려워하지 아니하리로다. (시 46:1-3)

믿는 사람들의 기도를 통해 세상을 변화시키신 하나님, 우리 가족이 기도의 능력을 알게 하시고, 하나님이 보여주시는 응답의 놀라운 역사를 보게 하옵소서. 이것을 위해 저희 부부가 먼저 기도의 능력을 경험하고, 깨닫기를 원합니다.

"너희가 악한 자라도 좋은 것으로 자식에게 줄 줄 알거든 하물며 하늘에 계신 너희 아버지께서 구하는 자에게 좋은 것으로 주시지 않겠느냐"(마7:11)라고 말씀하신 것처럼 하나님께서는 자녀 된 제게 가장 좋은 것을 예비하고 계신 분이심을 믿습니다. 또한 기도하면 좋은 것을 주시되 풍성히 넘치도록 주시는 참 좋으신 하나님 아버지이심을 기억합니다. 이것을 기억하고, 저의 부부가 기도에 빈곤하여 은혜에도 궁핍한 자가 되지 않게 하시고 기도를 통해 은혜의 부요함을 알고 누리게 하옵소서. 그래서 그 풍성한 기도의 은혜와 능력을 자녀에게도 전하게 하옵소서.

저희 부부와 자녀의 기도가 예수님처럼 습관이 되게 하시고, 그것이 저희 가정의 문화가 되게 하옵소서. 이런 기도가 거룩한 운동이 되어 믿음의 가정마다 불타오르게 하옵소서. 예수님의 이름으로 기도합니다. 아멘.

오늘의 기도

매일기도 ☐ 학부모구호 ☐

인성 교육을 위한 기도

56

2월 25일

환난 날에 나를 부르라. 내가 너를 건지리니 네가 나를 영화롭게 하리로다. (시 50:15)

우리의 마음 속 깊은 곳을 감찰하시는 하나님, 사람은 외모를 보지만 하나님께서는 중심을 보신다고 하신 말씀을 기억합니다. 하나님께서는 사람의 됨됨이를 보시며, 그 사람의 성품과 믿음을 가장 귀하게 생각하시는데, 오늘의 저와 우리는 하나님의 가치를 외면하고 사단의 유혹과 속임수에 넘어가 헛된 것들, 썩어질 것들에게 마음을 내어주는 연약하고 어리석은 모습을 가졌습니다. 하나님의 성품으로 저와 우리 자녀들의 삶을 채우는 것을 부끄러워하거나 두려워하지 말게 하옵소서.

주님, 이제 부모 세대인 우리가 돌이켜 하나님의 성품을 채워가고 하나님의 모습을 삶 속에 먼저 채우기를 소원합니다. 우리의 자녀에게 하나님을 닮아가는 것을 우선으로 가르치고, 하나님을 드러내는 아름다운 성품이 가정마다 채워질 수 있도록 인도하여 주옵소서.

세상의 가치와 하나님의 가치가 다름을 보여주며, 하나님의 가치가 훨씬 귀하다는 것을 보여주는 우리의 가정들이 되기를 간절히 소망하며 예수님의 이름으로 기도합니다. 아멘.

오늘의 기도

매일기도 ☐   학부모구호 ☐

소명에 응답하는 삶을 위한 기도

57

2월 26일

하나님이여 내 기도를 들으시며 내 입의 말에 귀를 기울이소서. 하나님은 나를 돕는 이시며 주께서는 내 생명을 붙들어 주시는 이시니이다. (시 54:2,4)

우리를 부르심 하나님, 하나님이 자녀를 부르실 때 주저 없이 응답하기를 원합니다. 세상의 길과 비교하며 머뭇거리지 않고, 하나님의 부르심을 의심하여 선뜻 나서지 못하는 약한 믿음이 사라지고 아브라함처럼 무언가 보이지 않아도, 하나님이 부르신 것이기에 가장 확실한 길로 여기고 힘차게 걸음을 옮기는 믿음을 갖게 하여 주옵소서.

또한 자녀가 가려하는 결단과 사명의 길에 부모인 제가 방해가 되지 않기를 원합니다. 제가 믿음의 길을 막아서서 세상의 길을 소개하며, 하나님의 나라를 방해하는 고향과 친척과 아버지의 집에 우리의 자녀를 옭아매는 잘못을 저지르지 않게 하옵소서. 더불어 이 땅의 부모와 자녀들이 세상의 소명에 응답하면서 그릇된 사명에 인생을 허비하는 일들을 고쳐 주옵소서. 또한 세상적인 열심과 소명을 좋고 옳은 것으로 소개하며 부모와 자녀들을 잘못 이끌고 있는 학교와 학원 등 교육 활동 곳곳에 숨어 활동하는 세력을 결박하여 몰아내 주옵소서.

이 땅의 부모와 자녀들이 하나님의 부르심을 듣고, 그것을 확신하고, 열정으로 헌신하는 사명자가 되게 하옵소서. 예수님의 이름으로 기도합니다. 아멘.

오늘의 기도

매일기도 ☐ 학부모구호 ☐

초등학생 자녀의 신체발달을 위한 기도

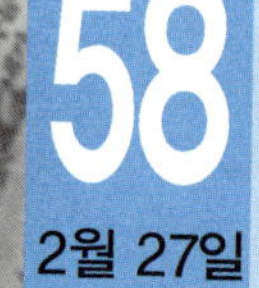

58

2월 27일

나는 하나님께 부르짖으리니 여호와께서 나를 구원하시리로다. 네 짐을 여호와께 맡기라. 그가 너를 붙드시고 의인의 요동함을 영원히 허락하지 아니하시리로다. (시 55:16, 22)

지금까지도 변함없이 우리의 자녀를 키워주시는 하나님, 자녀를 양육하는 오늘 하루까지 세세한 아버지의 돌봄 가운데 거하였음을 고백합니다.

이제는 초등학교에 다니는 아이를 볼 때마다 감사함과 동시에 염려가 있습니다. 제가 아이의 모든 일거수 일투족을 다 알기 어려움을 고백합니다. 몸은 잘 자라고 있는지, 어떤 친구와 어떻게 지내는지, 학교생활은 어떠한지 여러 궁금함도 참 많이 있지만 하나님의 창조하신 성장법칙가운데 잘 자라고 있음을 알고 맡기오니 함께 하여주옵소서.

특별히 이 시기를 통해 아이의 몸이 건강하게 자라게 하여 주옵소서. 건강한 신체발달로 친구들과 신나게 뛰어놀고 협력, 규칙, 배려 등을 배우게 하시고, 지나친 학업 일정으로 신체적 에너지가 넘치는 자녀를 옭아매지 않게 하옵소서. 건강한 몸이 건강한 정신을 나음을 기억하며, 머리에서부터 발끝까지 하나님이 만든 속도와 법칙에 따라 자라게 하옵소서. 또한 제가 부모로서 한 발 뒤에 서서 인내와 절제, 그리고 자녀를 온전히 맡김으로 함께 성장하도록 인도하옵소서. 예수님의 이름으로 기도합니다. 아멘.

오늘의 기도

매일기도 ☐   학부모구호 ☐

하나님의 말씀을 사모하길 원하는 기도

59

2월 28일

내가 지존하신 하나님께 부르짖음이여 곧 나를 위하여 모든 것을 이루시는 하나님께로다. 그가 하늘에서 보내사 나를 삼키려는 자의 비방에서 나를 구원하실지라. (셀라) 하나님이 그의 인자와 진리를 보내시리로다. (시 57:2-3)

우리에게 믿음으로 구원에 이르는 지혜가 있게 하는 하나님, 성경을 날마다 사모하여 정기적으로 말씀을 읽고, 말씀을 따라 사는 부모가 되기를 원합니다. 제가 먼저 하나님의 말씀을 열망하기를 원합니다. 그 마음으로 우리 자녀와 함께 말씀을 사랑하고 읽고 묵상하며 암송하게 하옵소서.

성경이 구원의 길로 안내할 뿐 아니라 형통의 길로 이끄는 안내서와 같음을 알게 하시어서, 우리 자녀에게 말씀을 가르치는 일에 부지런하게 하시고 말씀에 순종하는 자녀를 하나님께서 기뻐하시고 형통의 길로 이끄심을 깨우치게 하옵소서.

성경 말씀에는 관심이 없고 자녀의 학업과 성적에만 관심을 두는 어리석은 부모가 되지 않게 하시고 자녀와 함께 성경을 읽고 말씀의 은혜를 함께 나누며 자녀들을 영적 성장으로 안내하는 믿음의 부모가 되게 하여 주옵소서. 말씀을 통해 가정이 변화되고 깨어진 부분이 치유되고 회복되게 하시며 가정을 새롭게 하시는 말씀의 능력, 은혜의 역사를 경험하는 가정이 되게 하옵소서. 주님이 말씀하시면, 우리 가정은 그대로 듣고 따르기를 원합니다. 예수님의 이름으로 기도합니다. 아멘.

오늘의 기도

매일기도 □   학부모구호 □

3월의 기도

기독학부모 기도운동시리즈
첫번째 주제는 '희망' 입니다.
3월의 묵상주제는
'시작' 입니다

3월 첫날의 기도

새 생명이 움트는 3월을 맞게 하신 하나님,
온 대지에 생기를 부으시는 그 놀라우신 섭리가
우리 가정, 교회, 학교, 사회에도 풍성하기를 원합니다.

나의 자녀와 이 땅의 자녀들이
새 학기와 새 선생님, 친구들을 기쁘게 맞게 하시고,
학교가 기쁨과 소망의 장소가 되게 하옵소서.

싱그러운 봄의 향기가 가득한 가정 되게 하시고
부부는 서로 연합하여 사랑하게 하시고
부모와 자식이 주 안에서
서로 사랑하고 섬기게 하옵소서.

교회는 여전히 참된 진리의 기둥과 터가 되게 하셔서
그로부터 자녀들이 진리에 바로 서게 하옵소서.
학교가 참된 배움의 터전이 되게 하시고
교사와 학생 모두 행복한 공간이 되도록 하옵소서.
이 땅에 가득한 세속적인 가치관이 사라지고,
하나님이 기뻐하시는 교육의 문화가 만들어지게 하옵소서.

의와 진리의 거룩함으로 지으심을 받은 새 사람이
이곳저곳에서 힘 있게 일어나는 3월이 되게 하옵소서.
예수님의 이름으로 기도합니다. 아멘.

성품의 본을 보이는 부모가 되길 구하는 기도

61

3월 2일

하나님이여 내 마음이 확정되었고 내 마음이 확정되었사오니 내가 노래하고 내가 찬송하리이다. 내 영광아 깰지어다 비파야, 수금아, 깰지어다. 내가 새벽을 깨우리로다. (시 57:7-8)

우리의 부모가 되시고 교사가 되어주시는 하나님, 하나님께서는 최고의 모범이시며 최고의 스승이심을 고백합니다. 사람으로, 그리스도인으로서 갖춰야 할 것들을 알려주시고, 그 말씀 안에서 아름다운 성품으로 세워질 수 있도록 기준을 제시하여 주시니 감사합니다.

하나님께서 주신 말씀의 틀 안에서 제가 먼저 삶으로 살아내는 부모가 될 수 있도록 저와 우리 부부의 성품을 다듬어 주옵소서. 예수님을 믿는다고 고백하지만 여전히 부족하고 모난 성품들이 많이 있음을 고백합니다. 자녀에게 바른 성품을 교육하고 말하기에 앞서 하나님께서 보시기에 또 사람이 보기에 누구나 인정할 수 있는 아름다운 성품을 채운 부모가 되게 하옵소서.

그리하여 먼저 변화된 부모로서의 모습을 우리 자녀가 보게 하셔서, 제가 하나님의 성품으로 살아내는 것처럼 우리의 자녀들도 삶으로 체득하며 살게 하여 주옵소서. 백 번 말하기보다 한 번의 실천을 먼저 보여주는 부모가 되기를 원합니다. 우리의 부족함이 하나님의 성품으로 채워져 그리스도의 향기를 내는 가정이 되기를 소망합니다. 예수님의 이름으로 기도합니다. 아멘.

오늘의 기도

매일기도 ☐ 학부모구호 ☐

가정이 부르심에 따라 살길 바라는 기도

62

3월 3일

나는 주의 힘을 노래하며 아침에 주의 인자하심을 높이 부르오리니 주는 나의 요새이시며 나의 환난 날에 피난처심이니이다. 나의 힘이시여 내가 주께 찬송하오리니 하나님은 나의 요새이시며 나를 긍휼히 여기시는 하나님이심이니이다. (시 59:16-17)

이 땅의 가정들마다, 부모와 자녀의 대화, 부부의 대화, 또한 자녀들의 대화의 주제 안에 하나님의 부르심에 대한 응답과 결단이 많아지기를 원합니다. 부모와 자녀가 함께 하나님의 부르심을 궁금해 하고, 그것에 호기심을 가지며, 그것을 찾아 떠나는 믿음의 탐험이 가정 안에 풍성해지게 하옵소서.

부모는 하나님의 부르심과 뜻을 발견하고, 하나님 앞에서 뜻을 세워 인생을 거룩하게 펼쳐가는 모범을 보이게 하시고, 자녀들은 그 모범을 따라 믿음 안에서 인생의 진로를 발견하고 그 걸음을 기뻐하며 뜨거운 열정으로 하나님이 허락하신 비전을 성취해가게 하옵소서.

우리 가정에서, 또한 이 땅의 가정 가정에서 하나님의 부르심과 뜻을 방해하고, 하나님께 헌신하는 가정으로 지어져가는 것을 막는 온갖 악한 대화들을 몰아내어 주옵소서. 세상의 것을 탐구하던 부모와 자녀의 헛된 열심과 노력, 대화들이 사라지게 하여주옵소서.

모든 가정에 하나님의 뜻 안에서 진로가 발견되고, 진학이 결정되는 선한 열심과 대화가 자리 잡게 하옵소서. 예수님의 이름으로 기도합니다. 아멘.

오늘의 기도

매일기도 ☐ 학부모구호 ☐

기독학생의 정체성을 위한 기도

63

3월 4일

하나님이여 나의 부르짖음을 들으시며 내 기도에 유의하소서. 내 마음이 약해질 때에 땅 끝에서부터 주께 부르짖으오리니 나보다 높은 바위에 나를 인도하소서. 주는 나의 피난처시요 원수를 피하는 견고한 망대이심이니이다. (시 61:1-3)

이 시간, 우리 자녀를 위해 기도하오니 응답하여 주옵소서. 특별히 학교 안에서의 생활을 위해 기도합니다. 학교에서 어떻게 생활하는지, 누구와 친한지, 어떤 것에 흥미가 있는지, 어떤 점을 불편하게 여기는지 아이에 대해 알고 싶은 것이 참으로 많이 있으나 자세히 알지 못함을 고백합니다. 자녀가 학교에서 혼자 좌절하지 않도록, 학교생활가운데서 어려움이 없도록 여호와 닛시의 하나님께서 감찰하여 주시고 돌보아 주옵소서.

자녀가 학교에서 믿음을 가진 신실한 자녀로 생활하게 하옵소서. 가정, 교회에서와 다른 모습이 아니라 신실하신 주님을 믿는 믿음을 가진, 기독학생으로서 살아가도록 하옵소서. 기독학생으로 살아가기 위해 감수해야할 불편과 어려움이 있을 줄 압니다. 그래도 주님 안에서 담대하게 신앙가운데 거하도록 지켜주옵소서.

공부하는 목적이 주님 안에서 분명한 아이, 믿지 않는 친구에게 복음을 전하는 아이, 학급을 잘 섬기는 믿음의 아이로 살아가도록 용기와 지혜를 주셔서 자녀를 통해 학급공동체가 은혜 안에 거하도록 하옵소서. 예수님의 이름으로 기도합니다. 아멘.

오늘의 기도

매일기도 □ 학부모구호 □

우리 교회를 위한 기도

64

3월 5일

나의 영혼이 잠잠히 하나님만 바람이여 나의 구원이 그에게서 나오는도다. 오직 그만이 나의 반석이시요 나의 구원이시요 나의 요새이시니 내가 크게 흔들리지 아니하리로다. (시 62:1-2)

하나님, 이 땅에 우리 교회를 세워주시니 감사합니다. 진리의 기둥과 터인 우리 교회를 통해 믿음의 역사와 사랑의 수고와 소망의 인내를 갖는 온전한 은혜를 누리게 하옵소서.

주님, 우리 교회가 세상의 헛된 욕망과 세속적 욕심에서 벗어나 바른 진리의 말씀이 선포되어지는 곳, 말씀의 참 교제가 있는 곳이 되게 하옵소서. 어른으로부터 아이에 이르기까지 하나님을 사랑하고 이웃을 사랑하는 온전한 믿음이 자라게 하옵소서.

특별히 다음세대를 키우는 일에 마음과 정성을 다하여, 비단 '내 아이'만을 위한 마음에서 '우리 아이', '하나님의 아이'로의 지평이 확장되어 모든 자녀들을 소중히 여기며 믿음을 심어주는 데에 집중할 수 있도록 하옵소서. 또한 세속적 교육이 틈 못 타게 하시고 신앙과 학업이 조화로운 다음세대로 자라게 하옵소서.

그리하여 우리 교회의 100년 후가 더욱 든든하게 하시고 우리교회를 통해 믿음의 사람들이 날마다 더하게 하옵소서. 예수님의 이름으로 기도합니다. 아멘.

오늘의 기도

매일기도 ☐ 학부모구호 ☐

자녀에게 바른 관심을 갖는 부모가 되기 위한 기도

65

3월 6일

나의 영혼아 잠잠히 하나님만 바라라 무릇 나의 소망이 그로부터 나오는도다. 오직 그만이 나의 반석이시요 나의 구원이시요 나의 요새이시니 내가 흔들리지 아니하리로다. (시 62:5-6)

하나님 아버지, 믿음의 가정되어 주님께 예배드리게 해주신 은혜를 감사드립니다. 매일의 삶속에 우리 가정의 주인이 되시며, 모든 상황 속에서 선하게 이끌어 주심을 감사드립니다. 자녀도 삶 속에서 하나님을 만나고, 그 은혜에 감사하는 인생이 되기를 원합니다. 특별히 아이가 하나님의 사람으로 온전하게 성장하여 이 땅이 주의 나라가 이루어지는 귀한 섭리를 위해 모든 선한 일을 행할 능력을 갖출 수 있도록 인도하옵소서.

그를 위해 우리가 부모로서 자녀에게 바르고 건강한 관심을 가지길 원합니다. 자녀에 대한 교육의 제 1 주권이 부모인 우리에게 있음을 깨닫고, 아이를 통해 이루시고자 하는 하나님의 뜻과 계획이 온전히 이루어지도록 지혜와 사랑으로 양육하게 하옵소서. 저희 부모가 같은 마음을 가지고 자녀를 기다려 주며, 같이 격려하며 앞으로의 계획을 위해 나아가게 하옵소서. 예수님의 이름으로 기도합니다. 아멘.

오늘의 기도

매일기도 ☐ 학부모구호 ☐

복음으로 자녀의 삶이 회복되길 바라는 기도

66

3월 7일

나의 구원과 영광이 하나님께 있음이여 내 힘의 반석과 피난처도 하나님께 있도다. 백성들아 시시로 그를 의지하고 그의 앞에 마음을 토하라 하나님은 우리의 피난처시로다. (시 62:7-8)

하나님, 오직 예수 그리스도만이 삶의 힘이요, 생명이며, 참된 친구 되시고 기쁨과 소망되심을 고백합니다. 예수님을 떠나서는 죄악에 빠질 수밖에 없으며, 생명의 길을 잃고 헤맬 수밖에 없음을 겸손히 고백합니다. 눈물이 앞을 가리고 마음에 근심 쌓일 때, 위로하고 힘주실 이는 주 예수님밖에 없음도 고백합니다. 험한 세상에서도 평안히 눕고 잘 수 있음은 주께서 밤낮 보호하시며 바른 길로 가게 하시기 때문입니다.

삶의 주인이신 하나님, 우리 아이의 삶이 복음으로 말미암아 회복의 은혜를 누리길 원합니다. 죄로 인해 이이의 어그러지고 살못된 형상이 하나님의 형상으로 회복되게 하시고, 삶의 순간순간마다 좋은 사람과 좋은 환경을 주셔서 귀한 열매를 거두게 하여 주옵소서. 자녀의 영적, 인성적 부분의 회복뿐 아니라 학업적인 부분도 예수 그리스도의 구속의 은혜로 건강하게 회복되길 원합니다. 그리하여 자녀의 회복된 삶을 통하여 많은 이들이 예수 그리스도의 복음을 접할 수 있게 하여 주옵소서. 예수님의 이름으로 기도합니다. 아멘.

오늘의 기도

매일기도 ☐　학부모구호 ☐

청소년 자녀의 신체발달을 위한 기도

67

3월 8일

하나님이여 주는 나의 하나님이시라 내가 간절히 주를 찾되 물이 없어 마르고 황폐한 땅에서 내 영혼이 주를 갈망하며 내 육체가 주를 앙모하나이다. 내가 주의 권능과 영광을 보기 위하여 이와 같이 성소에서 주를 바라보았나이다. (시 63:1-2)

사춘기의 2차 성징까지 우리 자녀를 지켜 주신 하나님, 태어나서 작기만 하던 우리 자녀가 어느새 성인으로서의 삶을 바라보기 직전까지 자랐습니다. 아이의 모습은 여전히 우리에게 예쁘며 사랑스럽습니다.

부모인 저의 눈에 이렇게 사랑스러운 아이가 이제는 이성에 눈을 뜰 때가 되었음을 알고 이해하게 하여 주옵소서. 그러나 여전히 부모로서 염려가 많으니, 아이를 돌보시는 하나님을 더욱 신뢰하게 하여 주시옵소서. 2차 성징이 일어나는 몸의 변화가 많은 시기에, 건강하고 균형 있게 자라게 하시고, 무엇보다 귀하고 거룩한 몸으로 가꾸게 하옵소서. 학교에서 세상에서 또래 친구들과의 관계 속에서 몸을 소중히 여기게 하여 주옵소서. 뿐만 아니라 몸과 하나인 마음도 깨끗하고 순결하게 지키게 하여 주옵소서.

질풍노도의 시기의 자녀를 양육하는 동안 부모인 저는 더욱더 말씀에서 바른 양육을 길을 발견하게 하시고, 바른 삶으로 본보기가 되게 하옵소서. 예수님의 이름으로 기도합니다. 아멘.

오늘의 기도

매일기도 ☐ 학부모구호 ☐

친밀함이 가득한 가정을 위한 기도

68

3월 9일

주의 인자하심이 생명보다 나으므로 내 입술이 주를 찬양할 것이라. 이러므로 나의 평생에 주를 송축하며 주의 이름으로 말미암아 나의 손을 들리이다. (시 63:3-4)

우리의 모습 그대로를 사랑해 주시는 하나님, 저희 가정에서 주님의 사랑으로 서로를 사랑하고 축복하는 친밀함이 형성되기를 원합니다.

죄인 된 우리를 찾아오셔서, 가까이 해주시고, 친구로 친밀하게 대해주신 주님처럼 저희 부부도 자녀에게 친밀하기를 원합니다. 우리 자녀들이 부모의 기대를 충족할 때만 사랑하는 것이 아니라, 어떤 모습을 보여주든지 주님께서 하신 것처럼 자녀의 연약함까지도 사랑으로 품어 안을 수 있는 따뜻한 사랑의 마음을 지닌 부모가 되게 하옵소서.

주님께서 친밀하신 것처럼 깊이 이해하고 존중하며 따뜻하게 격려하는 가정이 되어 학교와 세상에서 빚은 여러 상저와 아픔들이 치유되고 회복되는 힘이 우리 가정에 있게 하시고, 그 친밀감이 우리 자녀들에게 높은 자존감이 되어서 다른 사람에게도 친밀한 사람으로 자라가게 하옵소서.

이렇게 가족에게, 친구에게, 이웃에게, 더 나아가 세상을 향해 주님의 친밀함을 흘려보내는 가정들이 많아지게 하옵소서. 예수님의 이름으로 기도합니다. 아멘.

오늘의 기도

매일기도 ☐   학부모구호 ☐

무너진 성품을 애통해하는 기도

69

3월 10일

그러나 하나님이 실로 들으셨음이여 내 기도 소리에 귀를 기울이셨도다. 하나님을 찬송하리로다. 그가 내 기도를 물리치지 아니하시고 그의 인자하심을 내게서 거두지도 아니하셨도다. (시 66:19-20)

사랑과 은혜의 하나님, 하나님의 형상으로 지음 받은 주의 백성들이지만 죄로 인해 탄식할 수밖에 없는 안타깝고 슬픈 소식이 너무나 많이 있습니다. 학교폭력, 왕따, 청소년 강력범죄 등 자녀세대가 앓고 있는 신음소리가 여러 곳에서 들려옵니다. 이러한 걱정스러운 풍토가 이 세대의 무너져 버린 인성, 성품을 등한히 여긴 부모의 무지였음을 고백하오니 용서하여 주옵소서.

주님, 신앙을 중요하게 여긴다고 했으나 공부에 지장을 줄까 걱정했고, 성품을 소중하게 여긴다고 했으나 착하고 순하여 손해 보지 않을까 우려했으며, 다른 사람을 배려하라고 했으나 철저히 자기 유익을 먼저 생각했습니다. 여러 가지 다양하고 협동심이 돋보이는 교육활동보다 더 많이 알고, 더 많은 점수를 얻고, 더 좋은 명문대를 보내기 위해 아이를 몰아치기 일쑤였습니다.

주님, 먼저 부모인 제가 주의 성품의 중요성을 알고, 그래도 살아가게 하옵소서. 그 본보기 아래에서 우리의 자녀들이 하나님을 경외하며, 하나님의 거룩한 성품에 참여하게 하옵소서. 성령 하나님께서 도와주셔서 그리스도의 장성한 분량까지 자라는 우리가 되게 하여 주옵소서. 예수님의 이름으로 기도합니다. 아멘.

오늘의 기도

매일기도 ☐　학부모구호 ☐

자녀의 은사를 개발하는 기도: 음악적 지능

70

3월 11일

하나님은 우리에게 은혜를 베푸사 복을 주시고 그의 얼굴 빛을 우리에게 비추사 (셀라) 주의 도를 땅 위에, 주의 구원을 모든 나라에게 알리소서. 하나님이여 민족들이 주를 찬송하게 하시며 모든 민족들이 주를 찬송하게 하소서. (시 67:1-3)

아름다우신 하나님, 하나님께서 창조하신 이 땅의 만물이 얼마나 아름다운지요. 이 아름다움을 아이와 우리의 자녀들이 누릴 수 있도록, 발견할 수 있도록, 향유할 수 있도록 도와주옵소서.

아름다운 소리로, 음악적 표현으로 세상을 만드신 하나님을 신뢰하며 우리 자녀들 속에 하나님을 향한 감사와 기쁨을 악기로, 음악으로, 노래로 표현하고 누릴 수 있도록 음악적인 재능을 발견하고 계발하게 하옵소서. 사실, 음악은 학교성적에 그렇게 높은 비중을 차지 않은 과목이라, 저학년 시기에만 맛보는 과목이라 소홀히 대하고 홀대하였음을 고백합니다.

주님, 비단 음악을 전공하기 위한, 연주자로 명성을 높이기 위한 도구로서 대하지 않도록 인도하옵소서. 음악을 통해 우리 자녀들의 삶이 풍요로워지고, 경이로운 하나님을 대할 수 있도록 하시며 자신의 생각을 표현하고 창작하고 탐구하는 은혜로 함께 하여주시옵소서. 자녀의 음악적 재능을 발견하고 계발 할 수 있는 안목과 여건, 기회와 귀한 만남도 허락하여 주옵소서. 예수님의 이름으로 기도합니다. 아멘.

오늘의 기도

매일기도 ☐ 학부모구호 ☐

사회-심리 발달을 위한 기도_영아기 자녀의 신뢰감

71

3월 12일

너희는 하나님께 능력을 돌릴지어다. 그의 위엄이 이스라엘 위에 있고 그의 능력이 구름 속에 있도다. 하나님이여 위엄을 성소에서 나타내시나이다. 이스라엘의 하나님은 그의 백성에게 힘과 능력을 주시나니 하나님을 찬송할지어다. (시 68:34-35)

늘 우리에게 깨달음을 주시는 하나님, 오늘 하루도 아이의 놀라운 변화를 봅니다. 아이의 변화가 신기하고 감탄스럽지만, 가끔은 부모인 저에게 이 경험이 두렵기도 합니다. 능숙하지 못해 허둥대는 부모이기에 자녀에게 적절한 양육을 하지 못하는 것 같아 좌절되기도 하고, 일관적이지 못해서 아이에게 신뢰를 주지 못할까 걱정도 됩니다. 제가 보기에 못마땅해서 아쉽고, 마음이 아플 때도 있습니다.

그러나 주님, 나약하고 성숙하지 못한 모습이 자녀에게 좋지 못한 영향을 끼치지 않게 하시고, 거룩하고 한결같은 말씀으로 무장하게 하여 주옵소서. 일관성 있는 늘 사랑이 넘치는 저의 양육으로 말미암아 자녀안에 부모와 세상, 하나님에 대한 신뢰감이 쌓이고, '희망' 이라는 힘이 생기길 소망합니다.

그리하여 부모의 모습을 통해 늘 신실하신 하나님, 좌절할 때 일으키시는 하나님을 배우게 하옵소서. 예수님의 이름으로 기도합니다. 아멘.

오늘의 기도

매일기도 □　학부모구호 □

섬기는 가정이 되길 바라는 기도

72

3월 13일

여호와여 나를 반기시는 때에 내가 주께 기도하오니 하나님이여 많은 인자와 구원의 진리로 내게 응답하소서. 여호와여 주의 인자하심이 선하시오니 내게 응답하시며 주의 많은 긍휼에 따라 내게로 돌이키소서. (시 69:13, 16)

서로 사랑하라고 말씀하신 하나님, 말씀대로 서로 사랑하기를 힘쓰는 저와 우리 가정이 되기를 원합니다.

저희가 아무리 많은 것을 소유하고 누린다 해도 사랑이 없으면 아무것도 아님을 깨닫게 하시고, 가진 것이 없을지라도 사랑하고 섬길 수 있는 넉넉한 마음을 허락하여 주옵소서.

사랑의 나눔과 섬김을 삶에서 실천함을 통해 우리의 자녀들이 가정에서부터 작은 하나님 나라를 경험하게 하길 원합니다. 어릴 때부터 사랑의 실천들을 감당하는 우리 자녀가 되게 하시고 삶을 사랑으로 단단하게 뭉치게 하사 인생의 연수가 길어질수록 섬김의 깊이도 깊어지게 하옵소서. 그리하여 학교와 세상에서, 친구들과 이웃과의 관계 속에서 작은 예수로 사랑을 실천하는 믿음의 아이가 되게 하옵소서.

하나님의 사랑으로 섬기는 저희 가정을 통해 주위에 많은 사람들이 예수님의 사랑을 알고 그 사랑 안에 거하게 하시고, 이 사랑과 섬김의 운동에 함께 동참할 수 있게 하옵소서. 예수님의 이름으로 기도합니다. 아멘.

오늘의 기도

매일기도 ☐ 학부모구호 ☐

하나님의 성품을 닮기를 바라는 기도

73

3월 14일

곤고한 자가 이를 보고 기뻐하나니 하나님을 찾는 너희들아 너희 마음을 소생하게 할지어다. 여호와는 궁핍한 자의 소리를 들으시며 자기로 말미암아 갇힌 자를 멸시하지 아니하시나니, 천지가 그를 찬송할 것이요 바다와 그 중의 모든 생물도 그리할지로다. (시 69:32-24)

새롭게 하시는 하나님, 아이가 거룩한 하나님의 성품을 닮게 하옵소서. 주님께서 이미 이 아이를 거룩한 하나님의 형상으로 만들어 주셔서 우리 아이를 볼 때마다 주님의 형상을 떠올리게 하시니 감사합니다.

그러나 주님, 죄와 허물로 얼룩져 있는 우리들을 주의 사랑으로 감싸 안아주길 원합니다. 특별히 성령 하나님께서 자녀에게 은혜를 주셔서 열매 맺는 응답의 삶을 살아가게 하옵소서. 자녀가 주를 믿는 확실한 믿음 위에 서서, 하나님의 성품을 닮아 주변 사람들과 좋은 관계를 유지해 나가고, 감사하며, 기뻐하며, 용서를 구하며, 인내하는 아름다운 삶을 살아가게 하여 주옵소서.

불의를 보거나 누군가의 도움이 필요한 상황이 올 때 타협하지 않고 하나님의 성품대로 행할 용기와 믿음 또한 허락하여 주옵소서. 하나님의 성품의 참여하는 자녀를 통해 하나님의 나라가 이 땅에서 이루어지길 소망하며 예수님의 이름으로 기도합니다. 아멘.

오늘의 기도

매일기도 ☐　학부모구호 ☐

자녀의 은사를 개발하는 기도: 신체-운동지능

74

3월 15일

주를 찾는 모든 자들이 주로 말미암아 기뻐하고 즐거워하게 하시며 주의 구원을 사랑하는 자들이 항상 말하기를 하나님은 위대하시다 하게 하소서. 나는 가난하고 궁핍하오니 하나님이여 속히 내게 임하소서. 주는 나의 도움이시요 나를 건지시는 이시오니 여호와여 지체하지 마소서. (시 70:4-5)

우리를 창조하신 능력의 하나님, 우리 아이를 주님의 많은 계획 가운데서 이 땅 가운데 태어나게 해주심을 믿습니다. 자녀가 귀한 몸을 드려 주님을 찬양하는 사람이 되게 하옵소서.

마음이 건강한 아이가 되는 것뿐 아니라 특별히 신체적 운동기능이 원활하기를 기도합니다. 신체적으로 균형 잡히고 건강하여 하나님을 섬기고 이웃을 섬기기 위한 귀한 몸으로 단련시켜 주시옵소서. 우리의 많은 자녀들이 짜여 진 틀 속에 갇혀 신체-운동지능이 날로 부족하다는 소식을 듣는 현실 속에서 지적인 기능 못지않게 신체저 단련을 하게 하시고 운동기능을 계발시켜 마음과 정신이 건강하도록 주님이 은혜를 내려 주옵소서. 머리에서부터 발끝까지 주님이 보살펴 주시고 은혜를 주셔서 마음껏 달리고, 뛸 수 있도록 힘을 주옵소서. 온 몸을 지켜 주시되, 신체가 균형 있게 발달되게 하시고, 동작을 자유롭게 하게 하시며 창의적으로 표현하고 스트레스에 적절하게 대처할 수 있는 신체-운동지능을 자녀에게 부어주시옵소서. 예수님의 이름으로 기도합니다. 아멘.

오늘의 기도

매일기도 ☐   학부모구호 ☐

학급 친구들을 위한 기도

75

3월 16일

주는 내가 항상 피하여 숨을 바위가 되소서. 주께서 나를 구원하라 명령하셨으니 이는 주께서 나의 반석이시요 나의 요새이심이니이다. 주 여호와여 주는 나의 소망이시요 내가 어릴 때부터 신뢰한 이시라. (시 71:3, 5)

친구 되신 하나님, 오늘도 생명 주셔서 새날을 맞이하도록 하시니 감사합니다. 하나님, 학교와 교실에 대한 방송이나 신문 기사를 볼 때마다 눈물과 한숨이 절로 납니다. 다툼과 아픔, 시기와 경쟁이 가득한 모습, 이기적이고 왜곡적인 성공신화로 인해 날로 교육의 피폐함이 더해가고 있는 우리를 고쳐주옵소서.

오늘은 우리 아이의 반 친구들을 위해서 기도합니다. 한창 사회성을 키우고 서로 어울릴 때라 다투기도 하고 갈등도 있지만 깊이 있는 우정을 쌓는 좋은 만남이 되게 하옵소서. 이기적으로 공부하는 것에만 전전긍긍하는 우리의 자녀들이 되는 것이 아니라 배려와 칭찬이 가득한 학급이 될 수 있도록 한 아이 한 아이 서로 노력하게 하셔서 올 한 해 은혜 안에 거하도록 하옵소서. 특별히 소외되는 아이가 없도록 하시고, 나보다 남을 더 낫게 여기는 풍토도 허락하여 주셔서 학교에 가는 발걸음을 가볍게 하여 주옵소서.

진정 다윗과 요나단같이 믿음과 비전과 생각을 주님 안에서 공유하는 친구들이 될 수 있도록 주님 함께 하옵소서. 예수님의 이름으로 기도합니다. 아멘.

오늘의 기도

매일기도 □   학부모구호 □

우리 교회 교회학교를 위한 기도

76

3월 17일

내가 항상 주와 함께 하니 주께서 내 오른손을 붙드셨나이다. 주의 교훈으로 나를 인도하시고 후에는 영광으로 나를 영접하시리니, 하늘에서는 주 외에 누가 내게 있으리요 땅에서는 주 밖에 내가 사모할 이 없나이다. (시 73:23-25)

살아계신 하나님, 이 땅에 우리 교회 교회학교를 위해 기도합니다. 우리에게 다음 세대를 허락해주시고 교회학교를 세워주시니 감사를 드립니다. 주님의 한량없는 은혜로 구속받은 부모 세대인 우리가 믿음을 우리 속에만 담아두지 않고 다음 세대에게 증거하게 하옵소서.

영유아부부터 고등부에 이르기까지 속해 있는 우리의 귀한 자녀들에게 복음을 온전히 전하는 터전이 되도록 교회학교에 복을 더하여 주옵소서. 특별히 교역자들과 교사들을 축복하시어, 복음을 전하고 눈물로 중보하여 학생들의 마음을 헤아리고자 애쓰는 그들에게 마르지 않는 영혼의 생수로 풍성하게 하옵소서. 우리 부모들도 교회학교를 지원하며 교회와 가정이 함께 다음 세대를 세우는 이 일에 헌신하게 하옵소서.

우리 교회학교를 다니는 자녀들이 주님을 바로 알아 하나님과 사람에게 기쁨이 되는 귀한 아이들로 이 세상 곳곳에서 하나님 나라를 펼쳐가는 주역으로 자라게 하옵소서. 예수님의 이름으로 기도합니다. 아멘.

오늘의 기도

매일기도 ☐　학부모구호 ☐

부모의 신앙 확립을 위한 기도

77
3월 18일

내가 내 음성으로 하나님께 부르짖으리니 내 음성으로 하나님께 부르짖으면 내게 귀를 기울이시리로다. (시 77:1)

사랑의 하나님, 외아들 예수 그리스도를 이 땅에 보내주셔서 구원의 선물을 주셔서 감사합니다. 이제 그 믿음의 사건들을 감사함으로 받아들이며 기독학부모로 살아갈 것을 결단합니다.

가정 안에서 '기독학부모'로서 양육하고자 결심은 했지만, 부모인 저의 신앙은 성장하지 못하고 정체되어 있을 때가 많았습니다. 또한 이 땅의 왜곡된 교육 풍토에 쉽게 마음을 빼앗기기도 했습니다. 주님, 먼저 부모인 저의 신앙을 강건하게 붙잡아 주옵소서. 우리 부모가 먼저 신앙인으로서 삶의 모범이 되기를 원합니다. 주의 말씀을 따라 사는 믿음의 부모가 되게 하시고, 그 모범 안에서 자녀도 믿음의 사람이 되게 하옵소서.

주님, 진정한 신앙고백이 되어 세상의 어떠한 유혹이 오더라도 변하지 않고 '기독학부모'로서의 소명을 강건하게 지켜나가도록 언제나 동행하여 주옵소서. 우리의 생각과 계획이 아니라 하나님의 은혜와 사랑에 겸손과 순종으로 나아가는 '기독학부모'가 되기를 간구하며 예수님의 이름으로 기도합니다. 아멘

오늘의 기도

매일기도 ☐ 학부모구호 ☐

하나님이 지식의 주인임을 인정하는 기도

78

3월 19일

네가 고난 중에 부르짖으매 내가 너를 건졌고 우렛소리의 은밀한 곳에서 네게 응답하며 므리바 물가에서 너를 시험하였도다. (셀라) 나는 너를 애굽 땅에서 인도하여 낸 여호와 네 하나님이니 네 입을 크게 열라 내가 채우리라. (시 81:7, 10)

지식과 지혜의 근본 되시는 하나님, 하나님께서 모든 지식의 주인이시며, 창조자 되심을 믿음으로 고백합니다. 사람인 우리는 단지 하나님이 주신 선물로 주신 능력으로 지식을 발전시켰을 뿐임을 고백합니다. 사람이 발견한 지식이 제 것인 것처럼 생각했던 교만을 버리게 하여 주옵소서.

제가 지식의 주인 되신 하나님을 인정하듯이 우리 자녀도 그러하게 하옵소서. 하나님 없이는 그 어떤 배움도 무용지물인 것을 알게 하옵소서. 모든 진리는 하나님의 진리임을 고백하며, 하나님이 사랑으로 충만한 지식이 사랑하는 자녀안에 뿌리 내리고 자라게 하셔서 사람과 세상을 돌보고 책임질 줄 아는 자녀가 되게 하옵소서.

무엇을 하든 하나님을 경외하고 하나님의 나라와 의를 먼저 구하는 사람이 되기를 원합니다. 하나님께서 주시는 지혜와 통찰력으로 죄의 길과 의의 길을 분별할 줄 아는 아이가 되게 하옵소서. 예수님의 이름으로 기도합니다. 아멘.

오늘의 기도

매일기도 ☐　학부모구호 ☐

사회-심리 발달을 위한 기도_유아기 자녀의 자율성

79

3월 20일

여호와 하나님은 해요 방패이시라. 여호와께서 은혜와 영화를 주시며 정직하게 행하는 자에게 좋은 것을 아끼지 아니하실 것임이니이다. 만군의 여호와여 주께 의지하는 자는 복이 있나이다. (시 84:11-12)

우리 자녀를 창조하신 하나님, 유아기를 맞이한 자녀가 스스로 앉고, 서고, 스스로 먹기 시작하면서 부모로서 '혼자서도 잘한다' 는 칭찬을 자주 하게 됩니다. 어떤 점은 아쉽기도 하지만 아이가 스스로 한 것들을 보며 자랑스러워 할 때 부모인 저도 함께 뿌듯한 부모의 마음을 배워갑니다.

자기 스스로 밥을 먹고, 신발을 신고, 빨대를 꼽는 것 등이 부모의 눈에는 미숙하고 불완전해 보이지만, 자녀가 자율적으로 행하는 모든 일을 격려하는 부모가 되게 하옵소서. 자녀가 실패했을 때 나무라지 말게 하시며, 건강한 자율성의 확립으로 어떤 일이든 스스로 하고자 하는 '의지' 라는 힘이 생기게 하옵소서.

그리하여 우리 자녀가 서서히 부모에게서 독립해 나가는 준비를 할 때, 그 준비를 기쁨으로 돕는 부모가 되게 하여 주옵소서. 스스로 하나님과 독대하는 그 시간 까지 바른 자아와 맑은 영으로 성장하도록 오늘도 기도하면서 지키는 부모가 되게 하옵소서. 예수님의 이름으로 기도합니다. 아멘.

오늘의 기도

매일기도 ☐　학부모구호 ☐

바른 헌금 생활을 위한 기도

80

3월 21일

만군의 여호와여 주의 장막이 어찌 그리 사랑스러운지요. 내 영혼이 여호와의 궁정을 사모하여 쇠약함이여 내 마음과 육체가 살아 계시는 하나님께 부르짖나이다. 나의 왕, 나의 하나님, 만군의 여호와여 주의 제단에서 참새도 제 집을 얻고 제비도 새끼 둘 보금자리를 얻었나이다. (시84:1-3)

하나님과 재물을 겸하여 섬길 수 없다고 말씀하신 하나님, 우리 부부와 자녀가 재물을 하나님처럼 섬기려는 유혹을 이기게 하시고, 물질의 주인이 하나님이심을 겸허히 인정하게 하옵소서. 그것을 기초로 바른 헌금 생활을 하게 하옵소서.

십일조와 다양한 헌금을 드릴 때 억지로 드리지 않게 하시고, 주신 것 가운데 일부를 드리되 나의 모든 것은 하나님의 것임을 인정하고 기꺼이 헌신하는 고백의 마음으로 헌금하게 하옵소서. 이렇게 하나님께 바른 헌금 생활을 하는 우리 가정이 되게 하옵소서.

또한 헌금에 대한 바른 태도로 준비하는 문화가 가정에 만들어지기를 원합니다. 매주 토요일 저녁마다 주일 헌금을 함께 준비하며 모든 것이 주님의 것임을 인정하는 등 헌금하는 태도와 준비에 대한 구체적인 문화가 생겨나게 하옵소서. 더 나아가 하나님께서 주신 물질의 축복을 어려운 이웃과 나눌 수 있는 축복의 통로가 되는 가정이되게 하옵소서. 예수님의 이름으로 기도합니다. 아멘.

오늘의 기도

매일기도 ☐　학부모구호 ☐

그릇된 미디어 문화의 회복을 위한 기도

81

3월 22일

주께 힘을 얻고 그 마음에 시온의 대로가 있는 자는 복이 있나이다. 그들이 눈물 골짜기로 지나갈 때에 그 곳에 많은 샘이 있을 것이며 이른 비가 복을 채워 주나이다. 그들은 힘을 얻고 더 얻어 나아가 시온에서 하나님 앞에 각기 나타나리이다. 만군의 하나님 여호와여 내 기도를 들으소서. 야곱의 하나님이여 귀를 기울이소서. (시 84:5-8)

우리에게 선한 것을 주시기를 기뻐하시는 하나님, 하나님께서 인간의 지식과 지혜를 사용하여 만드신 미디어를 통해 이루어진 선한 일들이 참으로 많이 있는데, 요즘 사이버공간 안에서 이루어지는 많은 암울한 현실을 듣고 볼 때마다 마음이 아픕니다. 우리의 자녀들이 온라인 게임, 스마트 폰, SNS 등에 중독된 듯 미디어 세계에 빠져 있습니다. 그 공간에서 나오지 못하고 자신을 가둔 채 소통하지 않는 자녀들이 너무나 많이 있습니다. 가정과 학교마다 미디어문화가 건전하게 회복되기를 바라는 사람들은 많이 있지만 그 달콤한 유혹에서 쉽사리 벗어나지 못하는 우리를 긍휼히 여겨 주옵소서.

주님, 이 땅의 그릇된 미디어문화가 회복될 수 있도록 자비와 긍휼을 베풀어 주옵소서. 호기심과 창의력이 뛰어난 우리의 자녀들이 미디어를 통해 왜곡된 사회성을 배우지 않고, 건강하게 소통하게 하시고, 미디어에 이용당하기보다 미디어를 건강하게 이용하게 하옵소서. 또한 부모세대인 저와 우리가 그릇된 문화를 거슬러 건전한 미디어문화를 형성하게 하옵소서. 예수님의 이름으로 기도합니다. 아멘.

오늘의 기도

매일기도 ☐   학부모구호 ☐

자녀의 은사를 개발하는 기도: 논리-수학적 지능

82

3월 24일

주여 내게 은혜를 베푸소서. 내가 종일 주께 부르짖나이다. 주여 내 영혼이 주를 우러러보오니 주여 내 영혼을 기쁘게 하소서. 주는 선하사 사죄하기를 즐거워하시며 주께 부르짖는 자에게 인자함이 후하심이니이다. (시 86:3-5)

우주 만물을 질서가운에 창조하신 아버지 하나님, 창조 공간 안에 있는 하나님의 수많은 수학적 패턴을 아이가 일상생활과 학업 가운데 발견하게 하시고, 세상을 유지하시고 이끄시는 하나님의 신실하심을 믿을 수 있도록 은혜를 더하여 주옵소서.

대학입시를 위한 도구로만 수학적인 지능을 평가하는 부모가 아닌, 하나님께서 자녀에게 주신 논리-수학적 재능을 잘 발견하고 격려하는 부모가 되길 원합니다. 단순히 수작문제를 반복적으로 푸는 것으로 재능을 강화하기보다 자녀의 사고가 확장되며 문제해결 능력이 강화되도록 돕는 부모가 되게 하옵소서. 우리의 자녀들에게 논리적인 힘을 주시고, 수학적인 지능도 허락하여 주옵소서. 수학적 사고로 말미암아 개념을 잘 이해하여, 논리적으로 세상의 이치를 설명하게 하시고 다양한 생활 가운데에 일어나는 수많은 문제들을 잘 풀어가는 힘도 허락하여 주옵소서. 예수님의 이름으로 기도합니다. 아멘.

오늘의 기도

매일기도 ☐ 학부모구호 ☐

인터넷 절제를 위한 기도

83

3월 24일

여호와여 나의 기도에 귀를 기울이시고 내가 간구하는 소리를 들으소서. 나의 환난 날에 내가 주께 부르짖으리니 주께서 내게 응답하시리이다. 주여 신들 중에 주와 같은 자 없사오며 주의 행하심과 같은 일도 없나이다. (시 86:6-8)

우리의 눈과 마음, 생각을 주장하시는 하나님, 긴박하게 변해가는 세상 속에서도 우리의 자녀가 거룩한 사람으로 서기를 원합니다.

주님, 우리 자녀들의 눈과 마음, 생각이 하나님을 향하기를 원하지만, 아직은 성숙하지 못하여 인터넷이라는 엄청난 도전 앞에 무력하여, 그 문화에 금방 젖어드는 존재임을 고백합니다. 돌이켜보면 자녀에게 늘 시간을 정하고 절제하여 인터넷을 하라고 잔소리하지만, 사실 저부터 스마트 폰과 컴퓨터로 의미 없게 시간들을 낭비한 적이 많았습니다. 이렇게 약한 저를 불쌍히 여겨 주옵소서.

저희 부부와 우리 자녀가 인터넷 생활을 절제하기를 원합니다. 그리고 더 나아가 건강한 인터넷 생활을 하기를 원합니다. 혹시나 인터넷 중독에 걸렸다면, 자신의 모습과 상태를 빨리 발견하게 하시고 중독에서 벗어날 수 있도록 이끌어 주옵소서. 또한 좋지 못한 인터넷의 문화 가운데 살아도, 그 문화에 물들지 말게 하시고, 선한 인터넷 문화를 만들고 그것을 퍼뜨리는 지혜와 힘을 주옵소서. 예수님의 이름으로 기도합니다. 아멘.

오늘의 기도

매일기도 ☐ 학부모구호 ☐

인성을 등한시 하는 교육풍토에 대한 기도

84

3월 25일

여호와 내 구원의 하나님이여 내가 주야로 주 앞에서 부르짖었사오니, 의 기도가 주 앞에 이르게 하시며 나의 부르짖음에 주의 귀를 기울여 주소서. (시 88:1-2)

아버지 하나님, 이 땅을 바라볼 때 곳곳에서 탄식소리와 신음하는 소리를 듣습니다. 특히 왜곡된 교육 아래에서 우리의 자녀들이 얼마나 많은 고통을 당하며 신음하고 있는지 보시옵소서. 지금 이 사회속의 학원들은 아이의 인성과 성품에 관심을 두기 보다는 성적 향상의 비법을 제시하며 지식을 팔고 있습니다. 수많은 학원들이 난립하며, 부모의 불안감을 자극하여 지식을 팔고 있습니다. 부모인 저 또한 자녀의 바른 인성을 기르기 위해 노력하기 보다는 자녀를 온전치 못한 교육현장으로 내몰고 있습니다. 주님, 과열 되어 가는 경쟁주의, 입시 지상주의이 문화를 식혀주시고, 이제는 돌이켜 이 사회가 사람 됨됨이와 성품에 초점을 맞추게 하옵소서.

인성과 성품교육을 등한시 하는 풍토에 휩쓸리지 않고 제가 바른 인성을 가진 자녀 교육에 대한 올바른 방향을 찾게 인도하시고, 자녀를 어떻게 지도할 수 있을지를 깨닫게 해 주옵소서. 예수님의 이름으로 기도합니다. 아멘.

오늘의 기도

매일기도 ☐ 학부모구호 ☐

자녀의 은사를 개발하는 기도: 언어적 지능

85

3월 26일

여호와여 오직 내가 주께 부르짖었사오니 아침에 나의 기도가 주의 앞에 이르리이다. (시 88:13)

태초에 말씀을 주신 하나님, 말씀이 육신이 되어 우리 가운데 거하신 살아계신 아버지 하나님을 찬양합니다. 하나님이 언어의 주인이 되셔서 세상을 창조하시며, 주님의 자녀들을 축복하시며 이끄심을 믿습니다.

언어라는 하나님의 귀한 선물을 누린 자로서 우리 아이가 하나님의 형상을 닮아 책임 있게 언어를 사용하고 누릴 수 있도록 은혜를 베풀어 주옵소서. 또한 우리의 자녀들이 언어를 온전하게 사용하고 누리기 위해 언어적인 능력도 허락하여주시길 원합니다. 모든 교과에서 일어나는 언어의 학습이 원활하도록 지능을 주옵소서. 읽고, 말하고, 쓰고, 듣는 모든 활동들을 잘 감당하게 할 수 있도록 지혜를 주옵소서.

그리하여 언어를 통해 세상을 바르게 해석하고, 의사소통하며 책임 있는 그리스도인으로 자라게 하옵소서. 언어의 주권자 되시고, 창시자 되시는 하나님의 마음을 알아 진리를 전하고 거짓을 분별하게 하옵소서. 예수님의 이름으로 기도합니다. 아멘.

오늘의 기도

매일기도 ☐ 학부모구호 ☐

자녀와 교사와의 관계를 위한 기도

86

3월 27일

하나님이 이르시되, 그가 나를 사랑한즉 내가 그를 건지리라. 그가 내 이름을 안즉 내가 그를 높이리라. 그가 내게 간구하리니 내가 그에게 응답하리라. 그들이 환난 당할 때에 내가 그와 함께 하여 그를 건지고 영화롭게 하리라. 내가 그를 장수하게 함으로 그를 만족하게 하며 나의 구원을 그에게 보이리라 하시도다. (시 91:14-16)

하나님, 늘 언제나 기도하듯 우리 아이에게 만남의 복을 허락하여 주시기를 간구합니다. 특별히 학교에 있는 자녀에게 교사와의 만남에 큰 복을 더하여 주옵소서. 어렸을 적부터 선생님은 너무나 큰 존재였습니다. 선생님의 칭찬하나로 힘을 얻다가도 선생님께 야단맞으면 얼마나 섭섭하고 눈물이 났는지를 기억합니다. 주님, 우리 아이도 저처럼 선생님에 대한 기대와 사랑에 대한 목마름이 있을 것인데 하나님께서 담임선생님과의 관계를 순적하게 갖게 하옵소서.

칭찬받기를 원하지만 선생님 앞에서 겸손하게 하시고, 자신의 어려움을 잘 토로할 수 있는 인격석 만남이 되게 하옵소서. 훈계가 있을 때에 받아 드릴 수 있게 하시고 선생님의 전문성과 인격을 믿고 잘 수용하게 하옵소서.

주님, 선생님이 관심을 갖고 아이의 상황에 대해 공감하게 하시고, 선입견이나 편견으로 대하지 않도록 도와주옵소서. 선생님이 가지는 고민에 대해 기도하는 자녀가 되게 하시고 선생님을 잘 도와 학급이 아름답게 경영되어지도록 주님 도와주시옵소서. 예수님의 이름으로 기도합니다. 아멘.

오늘의 기도

매일기도 ☐　학부모구호 ☐

기독학부모로 바로 서길 소망하는 기도

87
3월 28일

여호와여 주는 온 땅 위에 지존하시고 모든 신들보다 위에 계시니이다. 의인을 위하여 빛을 뿌리고 마음이 정직한 자를 위하여 기쁨을 뿌리시는도다. 의인이여 너희는 여호와로 말미암아 기뻐하며 그의 거룩한 이름에 감사할지어다. (시 97:9, 11-12)

살아계신 하나님, 부족한 저에게 믿음을 선물로 주시고, 귀한 하나님의 사람인 자녀를 키울 수 있도록 부모로 세워주시니 감사합니다. 또한 이 땅 교육의 아픔을 보며 교육을 새롭게 할 희망의 기독학부모로 세워주시니 더욱더 감사드립니다.

부모로 살아가면서 여러 세속적인 방법에 솔깃할 때도 있었고, 우리 아이에게 유리한 것이라면 그 세속의 물줄기를 타고서라도 유익과 만족을 얻으려고 할 때도 있었습니다. 그러나 정말 하나님은 교육의 황폐함에 애통해하고 계시며 그것을 회복할 부모를 기다리시고 계심을 믿고 부족하지만 이 일에 헌신하는 기독학부모로 살아가길 다짐합니다.

단순히 교회에 다니는 부모가 되지 않겠습니다. 단순히 학업이 우상이 되어 좌우향방 없이 성적에만 매달리지 않겠습니다. 주님의 시선과 주님의 방법으로 우리 자녀를 살펴보겠습니다. 제가 기독학부모로 살아가도록 용기를 더하여 주옵소서. 예수님의 이름으로 기도합니다. 아멘.

오늘의 기도

매일기도 ☐ 학부모구호 ☐

자녀와의 대화 회복을 위한 기도

88

3월 29일

여호와여 주는 영원히 계시고 주에 대한 기억은 대대에 이르리이다. 주께서 일어나사 시온을 긍휼히 여기시리니 지금은 그에게 은혜를 베푸실 때라 정한 기한이 다가옴이니이다. 여호와께서 빈궁한 자의 기도를 돌아보시며 그들의 기도를 멸시하지 아니하셨도다. (시 102:12-13, 17)

말씀으로 세상을 창조하신 하나님, 늘 기도를 통해 저와 대화하시고, 저의 아픔에도 귀 기울여주심에 감사와 찬양을 올려드립니다. 많은 사람들과 대화하시면서 마음으로 깊은 관계를 가지신 예수님을 본받기 원합니다.

삶이 바쁘다는 이유로 자녀와 많은 시간 대화하지 못했습니다. 가족이 함께 모여 마음으로 대화하며, 삶을 나누지 못한 것을 회개합니다. 그러면서도 학원에 보내고, 열심히 가르치면 좋은 부모라고 생각했던 저의 좁은 생각을 내려놓습니다.

주님, 이제 부터라도 매일 자녀와 대화하기를 원합니다. 막상 하려고 하니 어색하지는 않을지, 시간이 날지, 무슨 말을 할지 주저되는 것도 있지만 용기와 믿음을 주시어서 우리 아이의 아픔과 기쁨을 듣는 시간을 놓치지 않게 하옵소서. 그 아이의 삶의 이야기를 온 몸과 마음으로 듣기를 원합니다. 대화의 시간을 통해 저와 우리 자녀의 막혔던 담이 허물어지며 관계가 회복되게 하옵소서. 그 용기의 첫 걸음에 성령님 동행하여 주옵소서. 예수님의 이름으로 기도합니다. 아멘.

오늘의 기도

매일기도 ☐ 학부모구호 ☐

사랑하고 책임지는 공부를 위한 기도

89

3월 30일

그의 거룩한 이름을 자랑하라 여호와를 구하는 자들은 마음이 즐거울지로다. 여호와와 그의 능력을 구할지어다 그의 얼굴을 항상 구할지어다. (시 105:3-4)

사랑이신 하나님, 자녀가 사랑이신 하나님을 닮아 사랑하기 위한 삶을 살아가기를 원합니다.

공부를 하면 할수록 감정이 메마르고, 경쟁하며, 승부만을 생각하는 이기적인 사람이 되게 하지 마시고, 오히려 사랑의 넓이와 깊이가 더해지는 사람이 되게 하옵소서. 공부를 하면 할수록 하나님의 사랑 안에서 자신을 사랑하고 소중히 여기며, 하나님께서 주신 인생을 멋지게 펼쳐가게 하옵소서.

형형색색으로 다르게 생긴 수많은 사람들이 함께 살아가는 이 세상에서, 지식의 분량이 쌓여갈수록 다른 사람을 이해하고, 사랑으로 섬기는 지혜를 깨우치게 하옵소서. 하나님이 만드신 이 세상을 믿음의 눈으로 바르게 바라보며, 선하고 성실한 삶을 통해 세상이 하나님께 영광을 돌리게 하는 삶을 살게 하옵소서. 그리하여 자녀가 공부를 하면 할수록 다른 사람과 이 세상이 아름답게 변화되게 하옵소서. 우리의 자녀가 사랑하고 책임지며 돌보기 위해 공부를 하는 사람이 되게 하여 주옵소서. 예수님의 이름으로 기도합니다. 아멘.

오늘의 기도

매일기도 ☐   학부모구호 ☐

기독학부모의 정체성을 위한 기도

90

3월 31일

그러나 여호와께서 그들의 부르짖음을 들으실 때에 그들의 고통을 돌보시며, 그들을 위하여 그의 언약을 기억하시고 그 크신 인자하심을 따라 뜻을 돌이키사 그들을 사로잡은 모든 자에게서 긍휼히 여김을 받게 하셨도다.
(시 106:44-46)

살아계신 하나님, 제가 '기독학부모' 입니다. 그리스도인의 능력으로 사는 부모이며, 그 능력의 은혜로 자녀에게도 주의 가르침을 지켜 행하기를 원합니다.

그동안 혼란스러운 저의 이기적이고 세상적인 양육관을 내려놓습니다. 제 마음대로 자녀 양육을 하면서 '기독' 이라는 문구를 망각하고 과용하였습니다. 용서하여 주옵소서. 이제 '기독학부모' 로서의 바른 정체성을 붙잡기를 원합니다. 저는 우리 아이의 '기독학부모' 요 세상의 영향력을 줄 수 있는 '기독학부모' 가 되기를 원합니다. '기독' 속에서 학부모의 역할을 하고, '학부모' 의 모습 속에 기독이 있도록, 신앙생활과 학업생활이 잘 연결되도록 격려하고 돌보면서 자녀의 삶을 위해 기도하는 부모가 되게 하옵소서. 저의 사고, 의지가 온전히 주의 것이 되기를 원하며 주의 성전이 되게 하옵소서.

그리하여 부모인 저로부터 자녀에게도 그리스도인의 정체성이 바르게 전수되어 하나님의 계획대로 온전히 자라기를 간구합니다. 예수님의 이름으로 기도합니다. 아멘.

오늘의 기도

매일기도 ☐ 학부모구호 ☐

Memo

Memo

Memo

기독학부모 기도운동 시리즈 1

희망기도

1판 1쇄 펴낸 날 · 2012년 12월 25일
1판 2쇄 펴낸 날 · 2015년 10월 19일
기획 · 박상진
책임편집 · 노현욱, 도혜연, 신은정
글쓴이 · 강경희, 공하경, 김세범, 김세진, 김진주, 김한나, 노현욱, 도혜연,
박경성, 박신애, 박평화, 배윤선, 성지은, 신은정, 윤영근 , 최정민,
함승수 (총 17명, 가나다순)
※ 이분들은 기독학부모교실을 진행한 교회의 교역자 및 기독교사, 학부모들로
기독학부모운동을 위해 헌신해 주시는 분들입니다.
※ 본 기도책자와 기독학부모기도운동 관련 문의는
기독교학교교육연구소로 연락 주시기 바랍니다.
☎ 02-6458-3456

펴낸이 · 원성삼
펴낸 곳 · 예영커뮤니케이션
등록번호 · 제2-1349호(1992. 3. 31)
주소 · (136-825) 서울시 성북구 성북1동 성북로6가길 31
홈페이지 www.jeyoung.com
출판사업부 · T. (02)766-8931 F. (02)766-8934 e-mail:jeyoung@chol.com
출판유통사업부 · T. (02)766-7912 F. (02)766-8934
e-mail:jeyoung@chol.com

Copyright ⓒ 2012, 기독교학교교육연구소

ISBN 978-89-8350-825-6(04230)
978-89-8350-824-9(세트)

값 5,000원